© Drs. Frans Langenkamp
De eerste versie van dit boek verscheen in 2001.
Dit is de tweede, door de auteur grondig bewerkte
en updated versie, welke in december 2019 verscheen.
Met dank aan mijn Belgische vriend Jeff van Vaerenbergh
voor de zorgvuldige proofreading.

# *Inzicht is Alles*

## Oeroude Wijsheid voor de Moderne Mens

*Een nieuwe vertaling met gezond verstand commentaar op de Yoga Soetra van Patanjali*

**Deel 1 van 2**

*Ekam sat,
vipra bahudha
vadanti*

~ Rig Veda

**De waarheid is één,
de wijzen spreken erover
op vele manieren**

# Inhoudsopgave

**Inleiding** 9
Voedsel voor de ziel 10
Vedische kennis 10
Filosofie van yoga 10
Ledematen versus stadia 11
Een nieuw paradigma 12
Bewustzijn als oceaan 14
Leven vanuit de heelheid 17
Over de inhoud 18

**Hoofdstuk Een: Algemene Principes** 25
Wat is yoga? 26 en 28
Vijf vormen van geestelijke activiteit 31
Juiste kennis 32
Onjuiste kennis 33
Fantasie 34
Slaap 35
Herinnering 35
Doel van yoga 37
Onthechtheid, vrijheid 37, 38 en 40
Vier niveaus van samadhi (geestelijke absorptie) 42
Verlangen naar samadhi 48
Overgave aan God 50
Definitie van God 53, 55 en 57
De waarde van de klank 'Om' 57 en 58
De negen obstakels voor zelfrealisatie 61
Onvermogen om zelfgewaarzijn te ervaren 61
Begoocheling 62
Gehechtheid 63
Luiheid 63
Onachtzaamheid 64
Twijfel 64
Vermoeidheid 66
Ziekte 66

Technieken om de obstakels te overwinnen  68
Vier middelen om helderheid van geest te ontwikkelen  69 en 70
Vriendelijkheid  70
Mededogen  71
Vreugde  71
Onverschilligheid  71
Ademhalingsoefeningen  73
Verfijning van de zintuigen  74
Effect van innerlijke kalmte  77
Afstemming op verlichte zielen  78
Inzicht in de droom- en slaaptoestand  79
De waarde van meditatie  82
Reikwijdte van de tot rust gekomen geest  83
De geest als transparant kristal  83
Savitarka samapatti: verwarring van naam,
object en betekenis  85
Nirvitarka samapatti: absorptie in het object van waarneming  86
Savichara samapatti: absorptie in subtiele objecten
van waarneming  87
De reikwijdte van samadhi (geestelijke absorptie)  90
Geestelijke absorptie met object  94
Absoluut zelfgewaarzijn  96
Bewustzijn dat enkel de waarheid schouwt  98
De speciale waarde van Ritam Bhara Pragya  100
Oplossing van oude latente indrukken  103
Nirbija samadhi: geestelijke absorptie zonder object  106

## Hoofdstuk Twee: Praktische Oefeningen  109
Zelfdiscipline, overgave en zelfstudie  111
Versterking van samadhi  115
De vijf aandoeningen van de geest  116
Het gevoel een handelend ik te zijn  118
Gehechtheid en haar oorzaak  119
De oorzaak van aversie  120
Halsstarrigheid  121
Subtiele vorm van aandoeningen en hun oplossing  122
Oorzaak van de aandoeningen  123

Effect van latente indrukken  124
Oorzaak van vreugde en verdriet  124
Aard van het relatieve bestaan  126
Het voorkómen van lijden  128
Identificatie met het object van
waarneming als oorzaak van het lijden  130
Het doel van de relatieve schepping  131
Reikwijdte van de drie guna's  132, 133
Aard van het subject  133
Aard van de objectieve wereld  133
Identificatie met de objectieve wereld  135
Onderscheidingsvermogen tussen het Zelf en de wereld  138
Zeven stadia van de ontwikkeling van bewustzijn  139
De acht ledematen van yoga  141
De vijf inachtnemingen (**Yama**)  142
De vijf leefregels (**Niyama**)  145
Wat te doen bij negatieve gedachten  149
Geweldloosheid  150
Waarachtigheid  150
Zelfgenoegzaamheid  152
Leven vanuit de heelheid  152
Onthechtheid  152
Zuiverheid  154
Tevredenheid  155
Soberheid  156
Zelfstudie  157
Overgave aan God  157
Lichaamsoefeningen (**Asana's**)  159 en 162
Ademhalingsoefeningen (**Pranayama**)  163 en 164
De vierde bewustzijnstoestand  165
Standvastigheid van de geest  167
Het terugtrekken van de zintuigen van
hun objecten (**Pratyahara**)  169
Het geheim van de beheersing van de zintuigen  172
Brug naar deel twee van 'Inzicht is Alles'  175
Literatuurlijst  177
Iets over de schrijver en zijn werk  179

*Rite*
*Gyanat*
*na Muktihi!*

*Zonder*
*Zelfkennis*
*geen Bevrijding!*

*~ Brihad Aranyaka Upanishad*

# Inleiding

### Voedsel voor de ziel

**Zoals ons lichaam voedsel nodig heeft om te kunnen functioneren, zo heeft ook onze ziel dagelijks voedsel nodig om gelukkig te zijn.** Ons lichaam voorzien we dagelijks van gezonde en gevarieerde kost, liefst van biologische teelt. Voor onze ziel zouden we eigenlijk hetzelfde moeten doen. Zij verlangt dagelijks naar een flinke portie wijsheid, inzicht en liefde, liefst klaargemaakt op basis van gezond verstand. Zij heeft dat werkelijk nodig!

Maar waar vind je tegenwoordig nog deze ouderwetse 'kost?' Worden universele wijsheid en ware liefde gedemonstreerd op TV? Worden zij onderwezen op scholen en universiteiten? Worden deze besproken of beoefend in kerken, tempels of moskeeën? Kunnen we over hen leren via kranten, tijdschriften en het internet?

Waar vinden we nog betrouwbare en universele kennis over het leven? **Bestaat er wel zoiets als een universele waarheid?** Is spiritualiteit wel te rijmen met gezond verstand? Is er wel zoiets als een gemeenschappelijke basis van alle religies? Er is toch maar één God, althans dat had ik ooit begrepen. Wie wordt er soms niet moedeloos van het gebrek aan heldere, universele, niet-sektarische kennis over de aard van het leven? Mijn leven lang heb ik gezocht naar ware, betrouwbare, universele maar toch praktische kennis over het leven. Ik zocht het in de kerk, op de universiteit, in de kennis van 'primitieve culturen', en ik zocht het in astrologie, yoga en meditatie. Wanneer ik nu terugkijk op deze odyssee, dan zie ik dat ik in al die gebieden iets waardevols heb aangetroffen dat me dichter bij mijn doel heeft gebracht. Met name de oeroude vedische kennis die in India bewaard is gebleven, heeft me laten inzien dat de waarheid niet een filosofie is, noch een wetenschap, noch een religie. **Zij heeft mij laten inzien dat de waarheid een toestand van bewustzijn is.**

## Vedische kennis

Een van de vele takken van vedische wijsheid is de filosofie van yoga. In India worden slechts drie tekstboeken beschouwd als echt authentieke teksten over yoga. Dit zijn de *Bhagavad Gita*, de *Yoga Soetra van Patanjali* en de *Shiva Samhita*. Al meer dan veertig jaar ben ik een bewonderaar van de Yoga Soetra van Patanjali. **Ik heb het leren begrijpen als een prachtige tekst die de aard en reikwijdte van het menselijke bewustzijn duidelijk en systematisch aan het licht brengt.** Door de eeuwen heen is de Yoga Soetra een bron van inspiratie geweest voor zoekers zowel in oost als in west. In al die eeuwen heeft het in elke nieuwe generatie een stempel van goedkeuring gekregen van de wijzen van die tijd. Dankzij deze autorisatie van vele generaties is het een heel gezaghebbende tekst geworden. Door een nieuwe vertaling en een nieuw commentaar op de Yoga Soetra te schrijven, hoop ik te laten zien dat spiritualiteit in wezen heel simpel is. **Ik hoop te laten zien dat spiritualiteit enkel een kwestie is van gezond verstand!**

## De filosofie van yoga

Mijn bedoeling is om een vedisch leerboek onder de loep te nemen en er zo diep in door te dringen dat haar *essentie* aan het licht komt. Ik kies voor Patanjali's tekst omdat hij zich heel wetenschappelijk, systematisch en universeel uitdrukt. De essentie van waar het in het leven om draait ligt als het ware voor het oprapen.

**Patanjali's Yoga Soetra is dan ook een universele wetenschap en technologie van bewustzijn.** Het beschrijft de aard en reikwijdte van ons bewustzijn. Het geeft duidelijke aanwijzingen voor wat we kunnen doen om het volledige potentieel van ons bewustzijn te ontplooien. Patanjali behandelt de ervaringen die onderweg naar het doel – spirituele verlichting en bevrijding – optreden en hij beschrijft in heldere termen het eindresultaat van de volledige ontplooiing van ons bewustzijn. Hij beschrijft de aard en ervaring van de hoogst mogelijke toestand van menselijk bewustzijn, die we 'eenheidsbewustzijn' kunnen noemen.

## Ledematen versus stadia

Hij noemt zijn uiteenzetting de *'Ashtanga Yoga'* – 'De acht ledematen van yoga'. **Ledematen is zo'n geschikte term omdat iedereen weet dat die zich alle tegelijkertijd ontwikkelen.** Je kunt niet je arm cultiveren zonder dat je hoofd méé moet evolueren! Toch heeft zelfs hier, op dit eenvoudige punt, een gebrek aan gezond verstand genadeloos toegeslagen. Tot op de dag van heden wordt bijna in elke vertaling van de Yoga Soetra – en dus op bijna alle yoga scholen ter wereld – gesproken over acht *stadia* van yoga die je als leerling moet doorlopen, in plaats van over acht aspecten van de heelheid van het leven, die alle tegelijkertijd ontwikkelen zodra je de filosofie van yoga praktisch gaat toepassen.

**Deze verdraaiing van Patanjali's leer is veel oprechte zoekers fataal geworden.** Hen werd verteld dat ze eerst maar eens 'stap' één onder de knie moesten krijgen alvorens ze verder konden gaan met stap twee, drie et cetera. Dit heeft door de eeuwen heen een verwarrend effect gehad op de aspirant-yogi's! Yoga, hetgeen letterlijk eenheid of vereniging betekent, wordt door de meeste vertalingen en commentaren uitgelegd als zou het slechts te bereiken zijn met een haast bovenmenselijke discipline. Men zou het sociale leven de rug moeten toekeren, seks en persoonlijke liefde moeten vergeten en men zou zich moeten onderwerpen aan een nietsontziende ijzeren routine. Het zou een uiterst grote wilsinspanning vergen om tot 'de hogere vormen van yoga' te kunnen opklimmen.

**En aldus werd de volmaakte beschrijving van hoe men zijn bewustzijn moeiteloos en op een natuurlijke wijze kan ontwikkelen,**

omgevormd tot een zich zelf tegensprekende en daardoor onpraktische leer. Het doel van yoga – eenheidsbewustzijn – werd (en wordt nog steeds) beschreven als alleen te bereiken via een uiterst ingewikkelde, mystieke, occulte en moeizame weg, die slechts af te leggen zou zijn door een select aantal volhouders. Het doel wordt doorgaans afgeschilderd als van een moeilijkheidsgraad die het best te vergelijken valt met het worden van astronaut! De populariteit van yoga neemt weliswaar toe, maar toch geniet het in het westen tot op heden nog niet de goede naam die het eigenlijk verdient. Het is nog niet zo lang geleden dat paus Johannes-Paulus II yoga in de ban heeft gedaan!

## Een nieuw paradigma

Door de Yoga Soetra te vertalen en te becommentariëren wil ik laten zien dat hoewel **het leven aan de éne kant oneindig complex is, het aan de andere kant absoluut eenvoudig is!** Oppervlakkig gezien bestaat het leven enkel uit verschillen. Maar in de diepte beschouwd nemen we allen deel aan hetzelfde universele proces dat leven wordt genoemd. Als we maar diep genoeg kunnen denken, waarnemen en voelen, dan komen we unaniem tot het besef dat we in *wezen* allen gelijk zijn. In wezen zijn we allen één! *Mijn* essentie is identiek aan *jouw* essentie. **Volgens de aloude vedische wijsheid is al wat bestaat en al wat leeft, gemaakt vanuit één en dezelfde niet-materiële substantie die** *bewustzijn* **wordt genoemd.** Hoe definiëren de aloude vedische teksten het begrip bewustzijn dat voor de doorsnee mens toch een tamelijk vaag begrip is?

Volgens het vedische paradigma (een mooi woord voor denkraam, gezichtspunt, overkoepelend theoretisch kader, model of wereldbeeld), is bewustzijn simpelweg de uiteindelijke werkelijkheid. Bewustzijn wordt gedefinieerd als de essentie van het bestaan. **De vedische filosofie definieert bewustzijn als de niet-materiële substantie waaruit alles en iedereen gemaakt is.** Dit houdt onder meer in dat bewustzijn primair is en het ziel-geest-lichaam-systeem secundair! Het is *bewustzijn* dat ons doet leven, denken, spreken en handelen. Het is *bewustzijn* waardoor we bewust zijn van onszelf, de wereld en het heelal. Het is *bewustzijn* waarmee we filosofieën, religies, wetenschappen en kunsten hebben geschapen. Men zou zich af kunnen vragen over wiens bewustzijn ik het eigenlijk heb. Het antwoord op deze vraag luidt: Ik heb het over *ons* bewustzijn! Ons aller gemeenschappelijke bewustzijn. **Volgens de vedische zienswijze kan er slechts sprake zijn van één bewustzijn in het hele heelal, en dat is het bewustzijn waar we allen uit voortgekomen zijn, dat ons doet leven en waarvan we letterlijk de belichaming zijn.**

**Velen zullen wat tijd nodig hebben om te wennen aan de verstrekkende gevolgen die dit vedische paradigma zal hebben op het gangbare wereldbeeld.** Gewoonlijk ziet men bewustzijn niet als iets dat op zichzelf bestaat en alomtegenwoordig, eeuwig en onsterfelijk is, en de bron van alle wetten van de natuur! Wie ziet er tegenwoordig nog in dat bewustzijn de bron van de totale schepping is en dat het de complete kennis in zich heeft die nodig was om dit hele universum tot stand te brengen!? Maar de moderne natuurkunde komt ons te hulp door dit oeroude inzicht in de essentie van de schepping te bevestigen. Het oude materialistische wereldbeeld begint barsten te vertonen en is in feite nu al niet meer te handhaven in het licht van de moderne ontdekkingen in de kwantummechanica (zie bijvoorbeeld de november 2003-uitgave van het tijdschrift ODE). **Het ziet er naar uit dat de mensheid aan het ontwaken is en dat meer en meer mensen het universele bewustzijnsparadigma spontaan herkennen als een uitdrukking van de eenvoudige, eeuwige en universele waarheid.**

Deze alomvattende waarheid kan door de mens ingezien en ervaren worden met behulp van de moeiteloze en natuurlijke technieken die de aloude vedische zieners en yogi's ons hebben nagelaten. Door gebruik te maken van de praktische en wetenschappelijke kennis van bewustzijn, vervat in vedische tekstboeken als Patanjali's Yoga Soetra, kunnen we ons bewustzijn verruimen en ontplooien. Hierdoor gaan we meer en meer gebruik maken van ons ingeboren potentieel. Door deze grondige, op ervaring gebaseerde kennis te verwerven gaan we spontaan inzien dat we de belichaming of manifestatie van bewustzijn zijn. Aangezien ons ziel-geest-lichaam-systeem een geïntegreerd onderdeel van de schepping is, en als zodanig niets bijzonders is, zullen we vanzelf leren inzien dat niet *alleen ons ziel-geest-lichaam-systeem*, maar ook de héle materiële schepping een manifestatie van bewustzijn is.

Deze allesomvattende visie op de werkelijkheid, dit universele gezichtspunt, is de essentie van wat ik zou willen noemen het paradigma van het nieuwe millennium. **De grote Copernicaanse revolutie van dit millennium zal zijn dat we als mensheid zullen gaan inzien dat de hele materiële schepping de manifestatie is van één enkelvoudig, alomtegenwoordig, universeel substraat, dat we het best kunnen beschrijven als** *bewustzijn.* De uiteindelijke werkelijkheid waarover we als mensheid elkaar in kerken, tempels en moskeeën een paar duizend jaar allerlei verhalen hebben verteld, in de vorm van parabels en poëtische religieuze voorstellingen, blijkt in dit nieuwe en meer verlichte millennium niets anders te zijn dan dat ene, universele, absolute, eeuwige en onzichtbare bewustzijn!

**Door de eeuwen heen heeft men talloze namen gegeven aan dit intuïtief begrepen en aangevoelde alomtegenwoordige bewustzijn.** Vaak met poëtisch gevoel en religieuze eerbied. Gewoonlijk beschreef men de uiteindelijke werkelijkheid met behulp van analogieën en allegorische voorstellingen. Je kent ze waarschijnlijk wel: een oude man met baard, een man met zijn zoon gezeten op een troon, een vrouw met acht armen, een man met vier hoofden, een half man/half vrouw, een toornige man met opgeheven vinger, een barmhartige vrouw met een zegenend gebaar, een man mediterend op berg, een vrouw zittend op een tijger, het licht van licht, het licht van ontelbare zonnen, et cetera. Al deze beelden zijn de uitdrukking van het menselijke voorstellingsvermogen dat een bepaald spiritueel inzicht in beelden wil weergeven.

## Bewustzijn is als een oceaan

**De beste analogie die ik tot dusver ben tegengekomen aangaande het universele bewustzijn dat aan alle verschijnselen ten grondslag ligt, is die van de golf en de oceaan:** alle relatieve verschijningsvormen zijn als een golf op een oceaan. Alles wat je ziet is de tijdelijke uitdrukking van een eeuwige oceaan van bewustzijn. Of een golf nu groot is of klein, of hij nu een schuimkop heeft of niet, of hij zich nu rechts of links, oostwaarts of westwaarts beweegt, hij is in wezen niets anders dan water. Door en door water. Ook een mens is te vergelijken met een tijdelijke golf op de oceaan. Al zijn we in een bepaald opzicht wel een bijzonder soort golf. De mens onderscheidt zich van vele andere golven doordat hij het vermogen heeft te reflecteren over zijn eigen oorsprong. We kunnen ons bewust worden van onze oorsprong, van onze essentie!

**Een willekeurige golf die naar binnen leert kijken, en even zijn uiterlijke vorm en zijn uiterlijke functie vergeet, komt vanzelf tot de conclusie dat hij helemaal uit water bestaat, ongeacht zijn grootte, richting, snelheid et cetera.** Als hij naar binnen kijkt, ziet hij niets dan een onpeilbare watermassa! Dan weet hij – misschien voor het eerst – '*Wauw, ik ben de uitdrukking van een onpeilbaar diepe en oneindig uitgestrekte oceaan. Als ik weer neerdaal is er niets aan de hand, ik word weer één met mijn wezen – de onbegrensde oceaan!*'

Je kunt je voorstellen hoe enthousiast deze golf hierdoor wordt. Als hij dan weer om zich om zich heen kijkt en zijn broertjes- en zusjesgolven overal om zich heen ziet voortrollen, dan realiseert hij zich spontaan dat ook die allemaal enkel uit water bestaan: '*Al mijn medegolven zijn de tijdelijke, natuurlijke en speelse uitdrukking van dezelfde oceaan, die ook mijn wezen, mijn essentie is!*' **Hij komt dus tot de conclusie dat hij in wezen één is met al zijn medegolven, waar ook ter zee.** De uiterlijke verschillen en de verschillen in functies, die tot voor kort zijn waarneming domineerden, worden nu gezien en begrepen in termen van de oceaan als geheel. De uiterlijke verschillen in vorm en functie worden nu gezien voor wat ze zijn: oppervlakkige, tijdelijke verschijnselen die niet langer het inzicht in de essentiële eenheid overheersen en daardoor overschaduwen.

Diep in zijn hart weet de golf: '*In wezen ben ik één met de oceaan!*' Wat een heerlijk besef, wat een verruimende gewaarwording. Bovendien weet de golf: '*In wezen zijn mijn broers en zussen ook één met de oceaan, of ze dat nu weten of niet*'. De golf is 'verlicht' geworden, zoals dat heet in de vedische literatuur. En zodra hij maar in de gelegenheid is, fluistert hij zijn buurman-golf in: '*Hé, moet je eens naar binnen kijken ... richt je aandacht voor de grap eens naar binnen en vertel me wat je ziet!*' De buurman neemt zijn suggestie aan en verricht hetzelfde natuurlijke en eenvoudige experiment, binnen in zich zelf. Ook hij komt tot de *ont-dekking* dat hij niets dan water is en hij weet zich in wezen één met zijn buurman. Golven zijn van nature speels en nieuwsgierig en nemen van elkaar de gewoonte over om zo nu en dan een mentale 'duik' naar binnen te nemen.

Deze blijde boodschap verspreidt zich spontaan als een lopend vuurtje over de hele oceaan en binnen een mum van tijd weet iedere golf dat hij in wezen meer is dan alleen maar een tijdelijke golf ... elke golf weet zich één met de oceaan en één met al zijn medegolven. Zo wordt de oceaan een saamhorige, gelukkige en pacifistische oceaan. Bestreden de golven elkaar tot voor kort nog, uit onwetendheid omtrent hun gemeenschappelijke aard en essentie, nu leren ze te léven en te láten leven. Waren ze vroeger geconditioneerd tot een '**fight or flight**' (vecht of vlucht)-reactiepatroon, nu leren ze genieten van een '**stay and play**' (blijf en speel) reactiepatroon. **Het gezonde verstand kreeg de overhand.** Elke golf geniet van de simpele maar diepgaande realisatie die in de vedische teksten zo dikwijls genoemd wordt: '*Aham Brahmasmi*' – 'Ik ben de totaliteit, alles wat ik zie is een uitdrukking van mijn onbegrensde aard. Alles wat ik zie ... is in wezen een deel van mezelf!'

Geachte lezer, bovenstaande analogie bevat de hele aard, reikwijdte en doel van het leven en daardoor ook van de yoga filosofie. Indien je deze analogie blijft koesteren in je hart – wat geenszins discipline vergt maar vanzelf gaat zodra je de schoonheid en diepe betekenis ervan hebt ingezien – dan bevind je je op de snelweg naar eenheidsbewustzijn.

## Leven vanuit de heelheid

Je kunt nu het boek dicht slaan en eventueel doorgeven aan je buurman. Misschien dat ook hij de schoonheid van deze analogie inziet. Dan bevind je je samen met hem op de snelweg naar eenheidsbewustzijn, en wellicht kunnen jullie een inspiratie voor elkaar zijn. Als je bovenstaande analogie gelezen en begrepen hebt, heb je het doel waarvoor je dit boek ter hand hebt genomen al bereikt. Proficiat lezer! Je hoeft niets meer te doen. Je hoeft dit boek ook niet meer te lezen. Relax, ontspan. Geniet van het leven! Je bent vrij! **Wen langzaam maar zeker aan het feit dat je in wezen één bent met al wat bestaat.** Je hebt de sleutel gevonden! Je bent geslaagd voor het yogi-toelatingsexamen. Het licht van onbegrensd bewustzijn straalt helder in je geest. Je hebt het doel van je incarnatie bereikt. Geniet ervan en leef je leven verder zoals jij dat wenst, bewust van je inherente volmaaktheid.

Maar wacht even, je bent natuurlijk ook vrij om de kleine golfjes van de oceaan te bekijken die beschreven zijn in de rest van dit boek! **Als je eenmaal een visie van het geheel hebt gekregen, dan is het heel prettig om de delen aan een kleine inspectie te onderwerpen.** Verblijvend in het gewaarzijn van het geheel is het een grote vreugde om de samenstellende delen van het geheel nader te beschouwen. Wanneer we ons eenmaal geïdentificeerd hebben met het geheel – en dat hebben we spontaan gedaan bij het begrijpen van de analogie van de golf en de oceaan – dan is de studie van elk deel van het geheel een feest van herkenning. Hoe groot is de vreugde van de oceaan wel niet om zijn essentie uitgedrukt te zien in iedere individuele golf! Hoe groot is jouw vreugde wel niet wanneer je je essentie uitgedrukt ziet in elk van de 195 soetra's van Patanjali!

Je ziet hoe eenvoudig eenheidsbewustzijn is! Het is al enigszins gestructureerd in je bewustzijn alvorens je de Yoga Soetra onder ogen neemt. Als Patanjali je nu zou kunnen zien – en er is veel voor te zeggen dat hij dat inderdaad kan – dan zou hij heel gelukkig zijn met jou. Het zal een feest van herkenning voor je zijn wanneer je je essentie bevestigd ziet in elk van de soetra's. **Je zult dan merken dat je een** gezonde voedingsbron voor je ziel hebt gevonden. Door met dit soort vedische teksten te spelen zul je merken dat je spontaan inzichten krijgt waarvan men duizenden jaren heeft beweerd dat ze heel moeilijk te bereiken zijn! **Eenheidsbewustzijn is de enige natuurlijke en ontspannen toestand van bewustzijn. Geen wonder dat men het nooit bereikte toen men er met moeite naar streefde!** 'Het is maar een weet', zoals mijn goede moeder placht te zeggen. Als men niet weet hoe men naar de maan kan komen, is het ook onmogelijk om deze gedachte ten uitvoer te brengen. Als men daarentegen wél inzicht heeft in de betrokken mechanismen, dan is het een kwestie van even op de knop drukken die de raket in zijn juiste koers brengt en alles gaat vanzelf. **Kennis staat gelijk aan organiserend vermogen.** Daarom zeg ik: inzicht is alles! Ik hoop van harte dat je aanvoelt en inziet hoe kosmisch deze slagzin bedoeld is en dat je net als ik kunt genieten van de eeuwige en universeel toepasbare wijsheid die in de bondige aforismen tot uiting wordt gebracht!

**'Inzicht is alles' impliceert onder meer dat inzicht van wezenlijker belang is dan wilskracht, als het erom gaat ons leven op aarde meer ideaal te maken.** Inzicht in onze eigen essentie hoort aan de basis te liggen van al ons doen en laten. Wanneer inzicht in de ware aard van ons bewustzijn eenmaal verankerd is in de bron van onze gedachten en gevoelens, dan gaan we automatisch gebruik maken van ons volledige ingeboren potentieel. Door inzichtvolle intenties te koesteren aan de bron van onze gedachten zullen wij mensen in staat blijken te zijn onze gehavende wereld geleidelijk aan om te vormen tot een herbergzame en inspirerende ontmoetingsplaats voor de ontelbare zielen die hier op aarde hun levensles komen leren en hun levensplan komen uitvoeren.

## Over de Inhoud

Ten slotte enkele specifieke woorden over de inhoud van Patanjali's Yoga Soetra. Doorgaans gaat men ervan uit dat de 'grote ziener' Patanjali in de vierde of vijfde eeuw voor Christus geleefd heeft. Soms wordt gezegd dat Patanjali de spirituele leraar van Shankara is geweest, een ander groot licht uit de vierde of vijfde eeuw voor Christus.

Deze tekst stamt dan ook uit die tijd. Zij is ingedeeld in vier hoofdstukken die respectievelijk 51, 55, 55 en 34 soetra's bevatten. In totaal zijn er dus 195 soetra's, dat wil zeggen bondige uitspraken die gewoonlijk 'aforismen' genoemd worden. Letterlijk betekent soetra 'draad'. Het idee is dat de eenheid van leven een kleed is dat geweven werd met behulp van vele draden. Elke draad draagt bij aan de totstandkoming van het kleed als geheel. De 195 soetra's vormen de hoofddraden die gezamenlijk een totaalinzicht in het leven bieden. De hele filosofie is zo holistisch geformuleerd dat elke soetra betrekking heeft op het leven als geheel. Verlies dit gegeven al lezende niet uit het oog!

**De vier hoofdstukken bouwen voort op elkaar.** In **hoofdstuk een** wordt een definitie gegeven van wat de beoefening van yoga eigenlijk inhoudt en waarvoor het bedoeld is. Er worden vijf soorten van geestelijke activiteit besproken waarvan er sommige pijnlijk zijn en andere niet. Patanjali vertelt ons hoe we een toestand van geestelijke rust en integratie kunnen bereiken. De negen obstakels tot zelfrealisatie worden gecategoriseerd en er worden vele tips en technieken gegeven om deze obstakels te overwinnen. De verschillende stadia van geestelijke absorptie (*samadhi*) worden systematisch uiteengezet en er wordt een toestand van bewustzijn beschreven die van nature de waarheid in alles herkent.

In **hoofdstuk twee** worden de vijf aandoeningen besproken die de oorzaak zijn van het lijden van de mensheid. Tevens worden de middelen om deze aandoeningen uit de weg te ruimen uitvoerig behandeld. Daarna wordt het achtvoudige pad van yoga uiteengezet. Elk van de acht aspecten van de heelheid van het leven wordt uitvoerig uit de doeken gedaan.

**Hoofdstuk drie** (dat samen met hoofdstuk vier, deel twee van 'Inzicht is Alles' vormt) gaat over de supernormale vermogens die ons ten deel vallen wanneer we ons bewustzijn zodanig verruimd hebben dat we de techniek van geestelijke absorptie met succes kunnen toepassen. Wat deze techniek precies inhoudt wordt stap voor stap en met vele voorbeelden duidelijk gemaakt.

**Hoofdstuk vier** biedt een beschouwing van enkele metafysische beginselen die goed begrepen dienen te worden willen we werkelijk een totaalinzicht in het leven verwerven. Diepgaande inzichten in tijd, ruimte, karma, reïncarnatie, geest, ziel en ons gemeenschappelijke ware Zelf worden helder uiteengezet. Tevens wordt er inzicht geboden in de aard van de werkelijkheid in het algemeen en de rol van de drie hoedanigheden (*guna's*) en de vijf elementen in het bijzonder. Ten slotte geeft Patanjali ons een visie van wat de toestand van spirituele eenwording precies inhoudt. Hij legt uit dat het een toestand van absolute vrijheid is en dat onze subjectiviteit dan gevestigd is in zijn ware aard.

Vanzelfsprekend kun je deze vedische tekst op vele manieren hanteren. Het is beslist nuttig en bewustzijnsverruimend om eventueel alleen de soetra's in hun volgorde te lezen. In latere instantie kun je dan het commentaar tot je gaan nemen. Maar natuurlijk kun je ook de soetra's mét commentaar lezen en later nog eens de soetra's apart. Zoals in alles, laat jezelf ook hierin zoveel mogelijk leiden door je eigen zielenimpulsen!

Bij het maken van de vertaling en bij het schrijven van het commentaar heb ik gebruik gemaakt van een reusachtig Sanskriet woordenboek, samengesteld door ene Monier Williams. Voor zover ik weet is dit het meest uitgebreide Sanskriet woordenboek ter wereld (ook te raadplegen via het internet). Ook heb ik de vertalingen en commentaren van negen verschillende auteurs bij de hand gehad. Achterin worden deze vermeld. Eenieder die wel eens een vertaling van de Yoga Soetra gelezen heeft weet hoe onduidelijk en zelfs cryptisch de beschrijvingen doorgaans zijn. Gedurende al die jaren dat ik me verdiept heb in de Yoga Soetra heb ik me niet echt gelukkig gevoeld met die onbegrijpelijke en obscure passages en interpretaties. **Ik kon mezelf er niet in herkennen!** Wetend hoe eenvoudig het is om de eenheid van het leven in te zien en te ervaren, voelde ik me geroepen om een heldere en inzichtelijke vertaling met commentaar op papier te zetten.

Mijns inziens kan het einddoel van yoga op een eenvoudige, natuurlijke, moeiteloze, speelse en liefdevolle wijze bereikt worden. Hiervoor is het wel noodzakelijk dat ook het pad ernaar toe als moeiteloos en natuurlijk ervaren wordt. **Inzicht maakt dit mogelijk!** Wanneer we vertrekken vanuit een inzicht in de heelheid van ons eigen bewustzijn, dan ervaren we de voordelen van het einddoel al, alvorens we volledig in het einddoel gevestigd zijn! Ik hoop dat je door het lezen van dit boek, en de innerlijke ervaringen die je hierbij zult opdoen, hiervan overtuigd zult raken. Samen kunnen we een nieuwe levensstijl in de wereld introduceren die het leven op aarde, in alle werelddelen, een vreugdevolle ervaring zal maken. **Volgens de oeroude wetenschap van yoga, hier meesterlijk verwoord door de grote ziener Patanjali, is het ingeboren potentieel van de mens oneindig groot.** Volgens de vedische wijsheid is het vermogen van de mens om te genieten en te presteren oneindig groot. Nu we eenmaal een volledige gebruiksaanwijzing in handen hebben voor die prachtige, weergaloze, zachte machine die mens wordt genoemd, kunnen we gezamenlijk gebruik gaan maken van de ingeboren vermogens die de mensheid pas echt menselijk zullen maken.

**Ik houd me aanbevolen voor reacties van allerlei soort.** Laat me alsjeblieft weten wat het voor jou persoonlijk betekent om deze vedische kennis te laten resoneren in je ziel. Stuur me gewoon een e-mail of brief waarin je je persoonlijke ervaringen met dit boek verwoordt. Bij voorbaat hartelijk dank.

Bedenk, lieve lezer(es), dat ik het hele boek, en elke zin afzonderlijk, geschreven heb vanuit mijn hart en dat ik het gevoel heb dat ik een heel diep niveau van mijn ziel tot uiting heb gebracht. **Mijn verzoek aan jou is om het ook met je hart te lezen.** Laat elk idee dat je op papier tegenkomt diep wegzinken in je ziel en in je gelukzalige Zelf. Laat je wezen van binnen uit resoneren met wat mijn wezen bedoelde toen ik de eeuwige en universele inzichten en ideeën onder woorden probeerde te brengen. Laat je sterfelijke ogen de vergankelijke letters op het papier in zich opnemen, maar laat het onsterfelijke oog van je wijsheid de waarheid schouwen die ook mijn oog van wijsheid schouwde toen ik de soetra's trachtte te verwoorden in het Nederlands. En besef ten slotte dat er maar één oog van wijsheid bestaat en dat is het oog van wijsheid van ons gemeenschappelijke Zelf, het zelf van alle wezens, het Universele Zelf.

**Besef dat de vedische literatuur de uitdrukking is van ons gemeenschappelijke zelf.** Het is de stem van je eigen, meest intieme zelf die je tegenkomt in de vedische literatuur. Je ware Zelf is hier aan het woord en niets anders. Je ware Zelf ligt aan de basis van je geest, intellect en ego. **Gebruik je intellect als een kosmisch filter waar je de ware betekenis van de vedische kennis door heen laat zakken tot in het centrum van je hart.** Laat je hart resoneren in golven van herkenning bij het lezen van de tekst. Laat je hart beseffen dat het in conversatie is met zichzelf. **Laat je ziel zich verheugen in deze dagelijkse conversaties met zijn essentie, je onsterfelijke Zelf.**

Door te genieten van de tijdloze kennis die in de soetra's tot uiting komt, kom je automatisch (van Zelf) in een geestestoestand die in de yoga-terminologie *samadhi* wordt genoemd. **In een toestand van *samadhi* krijgt je ziel het voedsel dat zij dagelijks nodig heeft.** In deze toestand komt de ziel in aanraking met haar essentie en dat is waar zij eeuwig naar op zoek is. Geef het haar. Geef deze zielenvoeding dagelijks aan jezelf. Gun jezelf dagelijks dit contact met je Zelf. Ga dagelijks op bezoek bij je Zelf, totdat je je permanent thuis voelt in je Zelf. Wanneer je zo leert luisteren naar je diepste zielenroerselen, wordt het heel gewoon om in diep contact te zijn met je ware Zelf. **Het wordt dan heel gewoon om dagelijks gesprekken te hebben met je ware Zelf, dat het Zelf van alle wezens is.** Je bent dan in feite beter af dan die fortuinlijke personen die dagelijks een gesprek met God mogen voeren, waarbij ze God ervaren als iets of iemand die buiten en apart van hunzelf bestaat.

**De wetenschap van Yoga geneest ook dit subtiele maar uiterst gevaarlijke misverstand! Yoga betekent Eenheid.** Yoga verwijst naar de eenheid die er bestaat tussen de individuele ziel met de Kosmische Ziel. De eenheid die eeuwig bestaat tussen het individuele bewustzijn en het universele bewustzijn. Door de studie van yoga wordt de sluier van illusie van ons gewaarzijn verwijderd die ons wil doen geloven dat we geïsoleerd levende, sterfelijke poppetjes zijn. Onze lichamen zijn inderdaad geïsoleerde poppetjes, maar het bewustzijn dat ons ziel-geest-lichaam-systeem doet leven, is niets anders dan het Kosmische Bewuste Zijn dat in religies God wordt genoemd!

Door de Yoga Soetra met hart en ziel te bestuderen doe je kennis en ervaring op van de universele aard van je eigen bewustzijn, van je eigen Zelf! Geleidelijk aan leer je je Zelf door en door kennen. Je wordt dan wat je noemt een bezield en geïnspireerd mens. Daardoor verwerf je het wonderbaarlijke vermogen om in alle omstandigheden jezelf te zijn. Je bent dan wie je bent. **Diep in jezelf weet je dan: 'Ik ben die ik Ben.'** Je ziel-geest-lichaam-systeem wordt dan spontaan het gewillige voertuig en werktuig van het goddelijke Zelf. Je ziel-geest-lichaam-systeem wordt dan meer en meer een weerstandsloos kanaal waardoor jouw wijsheid en jouw liefde naar buiten kan stromen.

Met deze visie op de heelheid en de volmaaktheid van je ware Zelf is het goed om bladzijde na bladzijde om te slaan en te genieten van de vedische uitdrukkingen van ware kennis. Door de waarheid en de schoonheid van de soetra's te herkennen, herken je telkens een ander aspect van *je Zelf*. **Want vergeet nimmer dat jij Zèlf de waarheid bent.** Wij zijn allen één met de *Weg*, de *Waarheid* en het *Leven*, om met Jezus te spreken. Wij zijn zèlf het *Goede*, het *Ware* en het *Schone*, om met Plato te spreken. Wij zijn zèlf *'Sat, Chit, Ananda'* – 'Waarheid, Bewustzijn en Gelukzaligheid', om de met de Oepanishaden te spreken. Door jezelf dagelijks met universele en zelfrefererende wijsheid te voeden, word je automatisch tot zielenvoedsel voor je medemens.

*God heeft ons
een wereld gegeven
die enkel door onze dwaasheid
ervan weerhouden wordt,
een hemel op aarde te zijn.*

~ *George Bernard Shaw*

# Hoofdstuk Een

## *Algemene Principes*

## 1. Nu begint het onderricht in yoga.

**Yoga betekent eenheid.** Hoewel eenheid alomtegenwoordig en eeuwig is, moet de mens aan dit feit herinnerd worden. Vanwege haar transcendentale aard kan eenheid niet worden waargenomen met de zintuigen of met het 'gezond verstand' van de 'gewone' waaktoestand. Het verstand moet gecultiveerd worden om de eenheid te kunnen waarnemen. **Eenheid verwijst naar de gemeenschappelijke essentie van alles en iedereen.** De moderne wetenschap heeft nog niet ontdekt dat er überhaupt een gemeenschappelijke essentie bestaat! De oeroude wetenschap van yoga is destijds ontworpen om de onzichtbare, onmanifeste eenheid die ten grondslag ligt aan de manifeste werkelijkheid aan het licht te brengen! De aloude rishi's (zieners) in India hebben hun ervaringen gedocumenteerd en systematisch onder woorden gebracht. Door diep door te dringen in hun eigen subjectiviteit hebben zij de bron van hun gedachten leren kennen. Zo leerde men de aard en kwaliteiten van bewustzijn als zodanig kennen. Men leerde te onderkennen dat bewustzijn hun essentie is.

Door deze ervaring te combineren met verstandelijke overwegingen kwam men tot het inzicht dat bewustzijn niet alleen *hun* essentie was, maar de essentie van alles en iedereen! Zo ontdekten de rishi's de eenheid die aan alle verscheidenheid ten grondslag ligt. **Deze eenheid, deze essentie, bevindt zich niet op het materiële vlak ... zij wordt alleen aangetroffen op het vlak van pure subjectiviteit!** Zij kan dus niet waargenomen worden met de zintuigen, ook niet wanneer men die miljoenvoudig versterkt met microscopen en telescopen ... We hebben hier te maken met de *transcendentale* basis van de materiële schepping! Yoga wil ons bewust maken van ons bewustzijn als zodanig. **Yoga wil ons de transcendentale eenheid laten ervaren die aan de wereld der verschijnselen ten grondslag ligt.** Yoga is een echte wetenschap. Dat betekent dat zij twee aspecten heeft: theorie en praktijk. Yoga wil ons onderrichten op filosofisch vlak én op een praktisch vlak. Yoga is het prototype van wat met recht educatie kan worden genoemd. Educatie betekent dat men datgene, dat latent in ons aanwezig is, naar buiten brengt (*e = uit, ducare = leiden*).

Educatie in de letterlijke en oorspronkelijke betekenis van het woord is nodig om onze subjectiviteit zodanig te cultiveren dat we capabel worden om de eenheid die ten grondslag ligt aan de oneindige diversiteit in te zien, te ervaren en uit te drukken.

**Het onderwerp 'eenheid' is ten slotte ook van groot belang omdat het naar ons ware Zelf verwijst.** Het Zelf is de essentie van ons ziel-geest-lichaam-systeem. Het staat voor bewustzijn als zodanig. **Het is aan dit bewustzijn als zodanig waaraan we ons ik-besef ontlenen.** Het Zelf is onze essentie en is de basis van onze individualiteit. Beide termen – Zelf en individualiteit – hebben betrekking op datgene in ons dat heel en ondeelbaar is. (*'individu' betekent letterlijk 'onverdeeld'*) **Het Zelf is één en ondeelbaar. De objecten in de wereld zijn oneindig divers en deelbaar.** Het Zelf is de kenner, de objecten zijn het gekende. Zonder kennis, ervaring en inzicht in ons eigen Zelf heeft de ervaring van de oneindig vele objecten geen centrum, geen echte onveranderlijke basis!

**Yoga brengt aan het licht dat ons ware Zelf uit zuiver bewustzijn bestaat. In tweede instantie toont zij aan dat de essentie van de materiële wereld ook zuiver bewustzijn bestaat. Daarom is werkelijk adequate kennis van de wereld zonder kennis van ons ware Zelf in wezen niet eens mogelijk.** Het wereldbeeld dat we zouden ontwikkelen zonder ons eigen bewustzijn te kennen zou te vergelijken zijn met een boom zonder wortels, een huis zonder fundament, een cirkel zonder middelpunt. Zolang we niet weten waar we zelf uit bestaan hebben we geen referentiepunt voor kennis van de wereld met haar talloze objecten, verschijnselen en gebeurtenissen. Zonder centrum kan er geen sprake zijn van periferie, zonder eenheid kan er geen sprake zijn van veelheid. Zonder *uni* is er geen *versum!*

**Zonder kennis van de eenheid van ons ware Zelf worden we gegarandeerd verward in onze persoonlijkheid.** Zonder kennis van de eenheid zien we door de vele bomen het ene bos niet meer. Laten we daarom samen besluiten een diepgaand onderzoek te doen naar de eenheid die alles doordringt en die de gemeenschappelijke essentie is van alles en iedereen.

## 2. Yoga is het tot rust laten komen van de activiteit van de geest.

De moderne mens gaat zo zeer op in de dynamiek van het bestaan dat hij vergeten lijkt te zijn dat rust de basis vormt van activiteit. Dientengevolge heeft de actieve mens geen duidelijk besef meer van zijn eigen essentie die uit rust, vrede, stilte, eenheid en heelheid bestaat. In deze soetra wordt al meteen duidelijk dat yoga, eenheid, heel gemakkelijk kan worden ervaren. Het is enkel een kwestie van onze geest tot rust laten komen. Wat is 'geestelijke activiteit' eigenlijk? Waaruit bestaat het? **Geest is niets anders dan bewustzijn in beweging.** Zodra de bewegingen van de geest achterwege blijven ervaren we ons bewustzijn in zijn zuivere vorm, als louter bewust zíjn. De volgende soetra licht dit nader toe. En in feite geven álle volgende soetra's een nadere uitleg van deze soetra. Patanjali's Yoga Soetra voldoet aan de algemene opzet van de vedische literatuur: het begin bevat de essentie die in het resterende gedeelte nader uiteen wordt gezet. **Deze axiomatische definitie van yoga laat zien wat yoga *in wezen is*. Zij is ook een heel praktische definitie!** Alle volgende soetra's leggen uit hoe je de toestand van yoga kunt bereiken, wat de obstakels ertoe zijn, hoe we deze kunnen overwinnen en wat de weldadige gevolgen zijn van het bereiken van de toestand van yoga, op alle gebieden van het leven. Laten we die nadere uitleg eens tot ons gaan nemen in de resterende 193 soetra's.


## 3. Wanneer de activiteit van de geest tot rust is gekomen zijn we gevestigd in onze ware aard.

Wanneer de activiteit van de golf tot rust komt wordt de golf één met de oceaan. De ware aard van de golf is de oceaan. De golf is maar een kleine uitdrukking van de onbegrensde oceaan. De golf kan nooit op zichzelf bestaan! **De oceaan is de substantie van de golf zonder welke er geen sprake kan zijn van een of meerdere golven.** Zo ook kan onze geestelijke activiteit niet op zichzelf bestaan. Het bewustzijn vormt de substantie van onze geest. Geestelijke activiteit is een functie van ons bewustzijn. **Zonder bewustzijn kan er geen geestelijke activiteit bestaan.**

Ook deze soetra is heel fundamenteel van aard. De axioma's die tot uiting gebracht worden in soetra's 2, 3 en 4 zijn de fundamenten van de hele yoga-filosofie en -praktijk. Zoals gezegd bouwen alle overige soetra's voort op deze drie axiomatische soetra's en zijn deze niets anders dan een nader commentaar op deze eerste soetra's.

Het feit dat we pas gevestigd zijn in onze ware aard als alle geestelijke activiteiten tot bedaren zijn gekomen, impliceert dat geestelijke activiteiten niet tot onze *ware* aard behoren! Onze ware aard, ons ware zelf, is dan ook de *oorsprong* van al onze geestelijke (en lichamelijke) activiteiten. De term 'zelf' verwijst naar de stille, maar levendige bron van al onze activiteiten. In deze soetra wordt gesteld dat wij in essentie uit bewustzijn bestaan. Ziel, geest en lichaam zijn de uitdrukkingsvormen van ons bewustzijn. **We *hebben* een ziel, we *hebben* een geest en we *hebben* een lichaam waarvan de essentie uit zuiver bewustzijn bestaat.**

**Wanneer we dit gegeven grondig beseffen en ook daadwerkelijk ervaren dan hebben we het doel van alle vedische wijsheid bereikt!** Dit volledig in te zien is het doel en de vrucht van alle yogabeoefening. Aangezien het Zelf – bewustzijn als zodanig – niet materieel is, is het niet gebonden aan tijd en ruimte. Dat wil zeggen dat **wij** in wezen niet gebonden zijn aan tijd en ruimte – **in wezen zijn we vrij.** Aangezien het Zelf 'transcendentaal' (onstoffelijk) is, is het eeuwig en onsterfelijk. **Aangezien *wij* in wezen 'transcendentaal' zijn, zijn *wij* in wezen eeuwig en onsterfelijk!**

**Wauw, nu zitten we al meteen midden in de essentie van alle wijsheid van de wereld.** En het leuke is dat we die dus zelf 'in huis' hebben. Wij *zijn* de essentie van alle wijsheid! Hoeven we dan niet te mediteren en geen spirituele boeken te lezen? Inderdaad, eigenlijk niet – dat zagen we in de inleiding ook al – maar omdat mediteren en spirituele boeken lezen twee van de meest interessante, prettige, gezonde en vervullende dingen zijn waarmee we ons hier op aarde bezig kunnen houden, kunnen we er in alle vrijheid toe besluiten dit soort activiteiten dagelijks te ondernemen. De soetra zegt immers dat we onze ware aard pas goed kunnen ervaren als de activiteit van onze woelige geest tot rust is gekomen. Normaal gesproken zal het ons goed doen als we wat rustgevende bezigheden in onze dagelijkse routine inbouwen. Zoals *Loesje* eens opmerkte: '*Waarom hollen, de wereld draait toch om jou!*' De moderne trend om te 'onthaasten' komt voort uit een toenemend gevoel voor evenwicht en is als zodanig een uiting van gezond verstand.

De dagelijkse ervaring van innerlijke rust en stilte die aangetroffen wordt in de diepere lagen van onze geest en onze ziel geeft vreugde, vervulling en gezondheid aan ons hele ziel-geest-lichaam-systeem. Door moeiteloos te mediteren wordt onze persoonlijkheid vervuld van rust, vrede en een besef van eenheid, heelheid. Het grappige of het ironische hierbij is, dat datgene waar iedereen instinctief naar op zoek is, zijn eigen Zelf is. **Je zou dus kunnen zeggen: wat je zoekt, ben je zelf!** Het Zelf van de mens is altijd op zoek *naar* zichzelf, *voor* zichzelf en *door* zichzelf! En hij vindt het dan ook *in* zichzelf, *als* zichzelf! En zolang we nog niet bewust zijn geworden van onze transcendentale aard, zo lang wanen we onszelf als identiek aan onze geestelijke activiteit. De volgende soetra legt dit uit.

**4. Wanneer we niet gevestigd zijn in onze ware aard, dan identificeren we ons met de modificaties van onze geest.**

**Het is nu eenmaal de aard van bewustzijn om zich te vereenzelvigen met *wát* het ook maar ervaart.** Nemen we het lichaam waar, dan hebben we spontaan de indruk dat we het lichaam zijn. Nemen we onze geestelijke activiteiten waar, dan menen we dat we uit geestelijke activiteiten bestaan. Richten we ons volledig op de sociale rol die we vervullen, dan menen we dat we 'huisvrouw', 'manager', 'politieagent', 'directeur' of 'productiemedewerker' zijn. Soetra 3 vormt in wezen geen uitzondering op het identificatie-axioma van soetra 4: gevestigd zijn in onze ware aard betekent immers niets anders dan dat we onszelf waarnemen. Zodra we bewust worden van ons ware zelf dan identificeren we ons ermee. Wat we *zien*, dat *worden* we – dit is het natuurlijke en universeel werkzame mechanisme van ons bewustzijn.

**5. Geestelijke activiteiten zijn in te delen in vijf categorieën – sommige hiervan zijn pijnlijk, andere niet.**

Deze soetra helpt ons onze gedachte-impulsen te objectiveren. Patanjali maakt ons ervan bewust dat gedachten objectieve verschijnselen zijn die we op elk moment als zodanig kunnen herkennen en evalueren. Door ons ervan bewust te worden dat we klaarblijkelijk de waarnemers zijn van onze geestelijke activiteiten (die ook gevoelens en emoties omvatten) kunnen we ons bevrijden van de denkfout die ons laat geloven dat wij de geestelijke activiteit zelf zijn. **Door onze gedachten en gevoelens te zien voor wat ze zijn – objecten van waarneming – beseffen we automatisch dat we de getuige zijn van onze geest, ofwel dat we bewustzijn zijn** – het bewustzijn dat zich in stilte bewust is van de activiteiten die zich in ziel, geest, lichaam en omgeving afspelen.

**6. De vijf vormen van geestelijke activiteiten zijn: juiste kennis, onjuiste kennis, fantasie, herinnering en slaap.**

Sommige ideeën en gedachten komen overeen met de werkelijkheid, andere doen dit niet of niet volledig, of zijn slechts vermoedens, gissingen dan wel fantasieën. Het eenvoudige onderscheid tussen de eerste en de tweede vorm van geestelijke activiteit – ware dan wel onware kennis – maakt ons erop attent dat het goed is om een bewust onderscheid te maken tussen een zekerheid en een vermoeden. De helderheid van Sir Isaak Newtons geest komt mooi aan het licht door zijn uitspraak: *'I shall not mingle certainties with conjectures'* – *'Ik hoor zekerheden niet te mengen met vermoedens'*. Enkel door deze richtlijn van Newton aan te houden, en dit voortdurend innerlijk te bezigen, krijgen wij mettertijd steeds meer zicht op de waarheid omtrent alles. Alleen al door zekerheden uit te spreken en te behandelen als zekerheden en vermoedens uit te spreken en te behandelen als vermoedens, krijgen we een steeds grotere geestelijke helderheid en inzicht in de werkelijkheid. **Zo leren we dat wat waar is te onderscheiden van dat wat niet waar is.** Met andere woorden, zo leren we in zien wat juiste kennis is en wat onjuiste kennis is. Spiritualiteit is in wezen niets anders dan deze innerlijke efficiëntie. In vedische termen wordt dit de weg van kennis, de weg van het onderscheidingsvermogen genoemd, ofwel de weg van *Gyana* – zelfkennis.

Wees je er voortdurend van bewust dat mensen (inclusief jezelf) in het algemeen de neiging hebben om een vermoeden uit te spreken als een zekerheid. Deze merkwaardige gewoonte treffen we aan bij mensen op alle niveaus van intellectuele en emotionele ontwikkeling. Het vormt een steevast element in alle vormen van roddel, maar ook in alle vormen van wetenschap, filosofie, politiek en religie! **Het geestelijke functioneren dat zich effectief van deze denkfout probeert te bevrijden kan spiritueel worden genoemd.** De essentie van ware spiritualiteit is namelijk dat men de waarheid als waarheid (h)erkent, en dat men deze weet te onderscheiden van een vermoeden, een geloof, een hoop of een gissing. Niet dat er iets mis is met vermoedens, geloof, hoop of een gissing. Het gaat er alleen maar om dat we ze als zodanig herkennen en ze daarmee hun rechtmatige plaats toekennen.

De volgende vijf soetra's gaan dieper in op de vijf genoemde categorieën van geestelijke activiteit.

**7. Juiste kennis bestaat uit drie soorten: directe waarneming, logische gevolgtrekking en betrouwbare getuigenis van anderen.**

Voorbeelden van juiste kennis d.m.v. directe waarneming liggen voor het oprapen: het papier van dit boek is wit, de letters zijn zwart, het is negen uur, mijn lichaam beweegt zich volgens mijn geestelijke intentie, ik heb vandaag weer een heerlijke maaltijd gehad, deze bank is heel comfortabel, het gras is groen, de zon schijnt en ga zo maar door.

Logische gevolgtrekkingen leveren ook ware kennis op: het is zondag, dus gisteren was het zaterdag. Vuur produceert rook, dus als ik ergens rook zie dan heb ik reden te vermoeden dat er zich ergens vuur bevindt (dit is niet *altijd* het geval, omdat rook ook op andere manieren gemaakt kan worden. Het is dus slechts een aanname, die nog geverifieerd dient te worden willen we er zeker van zijn!). Planten groeien dankzij water. Het heeft de hele dag geregend, dus de planten kunnen lekker groeien. Ook wiskundige berekeningen zijn vaak gebaseerd op het principe van logische gevolgtrekking: licht verplaatst zich met een snelheid van 300.000 kilometer per seconde. In een uur legt het dus 300.000 x 60 x 60 = 108 miljoen kilometer af. In een jaar legt het daarom 300.000 x 60 x 60 x 24 x 365,25 kilometer af, ofwel zo'n kleine tien miljard kilometer.

Wanneer een bron van informatie te boek staat als betrouwbaar, dan hebben we goede reden om aan te nemen dat zij ook déze keer juiste informatie verstrekt. Ik heb de piramides in Egypte nog nooit zelf waargenomen, maar dankzij foto's en andere betrouwbare bronnen van informatie weet ik zeker dat ze bestaan, et cetera.

## 8. Onjuiste kennis bestaat uit een illusie die voortkomt uit een foutieve indruk van de werkelijkheid.

In het donker zie ik de knotwilg die langs de kant van de weg staat aan voor een persoon. In het donker kan een stuk touw paniek veroorzaken wanneer we het aanzien voor een slang. Op een dieper niveau is onjuiste kennis van de realiteit een automatisch gevolg van het zich identificeren met de vergankelijke wereld der verschijnselen. Zodra ons bewustzijn zich vereenzelvigt met het ziel-geest-lichaam-systeem, heeft het een *foutieve* indruk van zijn identiteit die immers uit zuiver bewustzijn bestaat. Alle volgende denk- en waarnemingsstructuren zijn dan onderworpen aan een vertekend perspectief. In de Ayurveda – de vedische wetenschap van gezondheid – wordt deze primaire vertekening van het perspectief waarin we de werkelijkheid waarnemen *'pragya aparadha'* genoemd, ofwel 'de fout van het intellect'.

Volgens de Ayurveda ligt deze primaire fout ten grondslag aan alle ziekten van ons ziel-geest-lichaam-systeem! Het ene, ondeelbare, onbegrensde bewustzijn identificeert zich met de concrete vormen van zijn eigen manifestatie en vergeet zijn eigen onbegrensde aard als zuiver bewustzijn. **Wij vereenzelvigen ons zodoende met iets dat we niet zijn. Vroeg of laat gaan we ons daar onwel bij voelen.** Een mens kan nu eenmaal niet gelukkig zijn als hij niet zichzelf kan zijn in alle omstandigheden. Vandaar dat Patanjali in soetra vijf zegt dat bepaalde vormen van geestelijke activiteit pijnlijk zijn, dan wel pijn opleveren.

Mensen bij wie deze foutieve identificatie bestaat voelen zich per definitie niet helemaal lekker in hun vel zitten. Men is letterlijk niet meer zichzelf, althans zo schijnt het hen toe. Hun ego valt niet samen met hun Zelf. Dit doet hen ongemakkelijk voelen en als gevolg daarvan ontstaan geestelijke en lichamelijke ongemakken (*dis-eases*). **De universele medicijnen tegen alle kwalen is daarom de herinnering van onze ware aard als zuiver, absoluut bewustzijn.** Ons ware Zelf – in vedische terminologie *'Atma'* genoemd – heeft van nature drie basiseigenschappen: *Sat, Chit en Ananda* ofwel Absoluutheid, Bewustzijn en Gelukzaligheid. Alleen de directe realisatie van onze eeuwige en gelukzalige essentie kan de duizendkoppige draak van het lijden doen opgaan als rook in de oneindige atmosfeer.

**9. Fantasie is een gedachtevorm die gecreëerd wordt door woorden of gedachten die niet overeenkomen met de werkelijkheid.**

Onder deze categorie vallen ook dromen, inbeeldingen et cetera. Zij zijn een concreet voorbeeld van de voorgaande categorie, de onjuiste kennis. Een klassiek voorbeeld van deze inbeelding vormt het bovengenoemde touw dat als slang wordt aangezien. Inderdaad schept dit een vorm van ongemak (angst) in ons systeem die op zijn beurt allerlei complicaties tot gevolg heeft.

In deze definitie maakt Patanjali geen melding van een mogelijk constructief gebruik van onze verbeeldingskracht. Fantasie of verbeelding kan bewust gecreëerd worden op basis van juiste kennis en dan vormt het een krachtig middel waarmee de mens nieuwe uitingsvormen van Creatieve Intelligentie kan voortbrengen.

**10. Slaap is die vorm van geestelijke activiteit die geen inhoud heeft.**

Interessant is hier op te merken dat slaap nog steeds gedefinieerd wordt als een vorm van mentale activiteit. Slaap wordt ook tegenwoordig gezien als een bewustzijnstoestand. En inderdaad moeten we constateren dat de geest niet helemaal op non-actief wordt gesteld in de slaap. Na het ontwaken herinneren we ons dat we diep, dan wel oppervlakkig of onrustig geslapen hebben. Er bleef een klein waakvlammetje aanwezig in ons ziel-geest-lichaam-systeem. Dank zij dit kleine waakvlammetje weten we doorgaans waar we ons lichamelijk bevinden zodra we wakker worden. Slaap onderscheidt zich dus van bewusteloosheid. Mensen die een bewusteloosheid hebben meegemaakt – bij voorbeeld als gevolg van een ongeval – weten bij het weer tot bewustzijn komen doorgaans niet waar ze zijn, en ze verbazen zich over hun bijkomen ...

**11. Herinnering is het zich voor de geest halen of het spontaan terugkeren in de geest van voorafgaande indrukken.**

Een volmaakt functioneren van het ziel-geest-lichaam-systeem houdt in dat we vanuit ons bewustzijn – vanuit ons Zelf – ons alles voor de geest kunnen halen wat we op dat ogenblik maar wensen of nodig hebben. Alle kennis van het hele universum ligt ergens opgeslagen in de diepe en stille lagen van ons bewustzijn. In de gewone waaktoestand van bewustzijn hebben we echter geen toegang tot deze kosmische databank. In hoofdstuk drie legt Patanjali uit hoe we hier wel toegang toe kunnen verwerven. Maar hier gaat het om het normale alledaagse functioneren van ons ziel-geest-lichaam-systeem. En in deze context is het maar goed ook dat we het merendeel van de indrukken die we elke dag opdoen weer snel vergeten. Daardoor kunnen we altijd open blijven staan voor indrukken in het hier en nu.

Sommige indrukken echter vergeten we als gevolg van een imperfect functioneren van ons ziel-geest-lichaam-systeem. Een berucht voorbeeld daarvan is het vergeten van de abstracte ervaring van ons ware Zelf! Het Zelf is volledig abstract, het heeft geen kleur, geur of vorm. Het is volledig transparant, net als het water waar de vis in zwemt. **Omdat het geen ruimte inneemt in onze geest hebben we de neiging het over het hoofd te zien.** En zoals het spreekwoord zegt: 'uit het oog, uit het hart'. Toch is ook de bewustwording van onze ware aard goed op te vatten als een herinnering. Zelfbewustzijn wordt aan het eind van de Bhagavad Gita beschreven als een vorm van herinneren. Men herinnert zich wat men in wezen is: *Sat-Chit-Ananda* – Absoluut gelukzaligheid bewustzijn – of eenvoudigweg, men herinnert zich de onverstoorbare vrede van het Zelf. In de huidige context echter beperkt Patanjali zich tot de ervaring van concrete objecten zoals blijkt uit de volgende soetra.

**12. De vijf vormen van mentale activiteit komen tot rust als gevolg van de beoefening van yoga en de ervaring van onthechtheid.**

De beoefening van yoga wordt in het hierna volgende gedefinieerd. Het bestaat uit talloze methoden en technieken die ons behulpzaam kunnen zijn bij het tot rust laten komen van onze geest waardoor we gevestigd raken in onze ware aard zoals de eerste drie soetra's al stelden. De onthechtheid die in deze soetra genoemd wordt is het automatische gevolg van dit tot rust komen van geestelijke activiteit. Bewustzijn als zodanig, waarvan we dan bewust worden, is van nature onthecht.

Bewustzijn is per definitie nergens aan gehecht, het is absoluut. Aangezien het Zelf niets anders is dan bewustzijn kunnen we stellen dat het per definitie onthecht is. Alleen de geest kan zich ergens aan hechten. Het ware Zelf, als zijnde zuiver bewustzijn, is de onthechtheid zelf. **Onthechtheid is één van de basiseigenschappen van bewustzijn, net als bijvoorbeeld geluk, vrede, vrijheid, stilte, stabiliteit, eeuwigheid, goddelijkheid, zelfstandigheid, zelfrefererendheid,**

**liefde, kennis, waarheid, onsterfelijkheid, goddelijkheid, goedheid, waarheid, schoonheid, eenvoud, eenheid, volmaaktheid, heelheid, intelligentie, creativiteit et cetera.**

Onthechtheid is dus een bepaalde toestand van bewustzijn. Onthechtheid is een bewustzijnstoestand die de reikwijdte van de geest overschrijdt. Onthechting, in de strikte zin van het woord, kan daarom niet *beoefend* worden, net zomin als we onsterfelijkheid, vrijheid, waarheid et cetera kunnen beoefenen, het kan alleen *ervaren* worden als een eigenschap van onszelf waarna het zich spontaan uitdrukt in al onze gedachten, woorden en daden. **Wel kunnen we onszelf eraan herinneren dat we in *wezen* onthecht zijn, waarheid zijn, vrijheid zijn, onsterfelijk zijn, liefde zijn, et cetera.**

Wanneer we zonder de ervaring van yoga of onthechtheid proberen ons liefdevol en wijs te gedragen zullen de resultaten onbevredigend blijven. Men spant dan als het ware het paard achter de wagen. De geschiedenis van het christendom heeft bewezen dat deze benadering op zijn zachtst gezegd povere resultaten oplevert. Hetzelfde geldt overigens voor het Judaïsme en de Islam, en inderdaad voor alle traditionele godsdiensten. Vandaar dat de kennis en de beoefening van yoga zo hard nodig is in de wereld. Zolang de mens blijft hangen in religieuze concepten en praktijken, zolang heeft men de essentie van de werkelijkheid niet begrepen noch ervaren en zo lang zal de mensheid verdeeld blijven, met alle nare gevolgen van dien.

Alleen het universele en eeuwige inzicht in de essentiële Eenheid van de hele werkelijkheid kan de mensheid bevredigen en harmoniseren.

**13. De beoefening van yoga is bedoeld om gevestigd te raken in de toestand van vrijheid en onthechtheid.**

Zoals we verderop zullen zien kunnen yoga-oefeningen gedaan worden op alle gebieden van het leven en in alle omstandigheden. Deze soetra benadrukt het belang van de *intentie* waarmee we de yoga-oefeningen doen. We worden aangeraden om volmaakt helder omtrent de bedoeling van onze yogabeoefening te zijn. Dit is van essentieel belang. **De kracht van de geest is oneindig groot, of we nu zogenaamd verlicht zijn of zogenaamd onwetend zijn.** Al wat we in de diepte van onze ziel denken tendeert ernaar zich te materialiseren. Dus als je diep in jezelf verlangt naar vrijheid en onthechtheid, dan kom je vanzelf de kennis en technieken tegen waarmee je dit verlangen kunt realiseren. **'De middelen verzamelen zich rond een heldere, evolutionaire intentie'**, zegt Krishna in de Bhagavad Gita.

**14. De beoefening van yoga wordt stevig gevestigd en raakt diep geworteld wanneer zij consistent en met toewijding wordt volgehouden over een langere tijd.**

Beoefening van yoga resulteert in totale bewustwording, in eenheidsbewustzijn. Tot nu toe verbleven we wellicht in een soort veelheidsbewustzijn. Dus het proces dat Patanjali voor ogen staat is een totale transformatie van ons bewustzijn. Deze transformatie van bewustzijn vergt op zijn beurt een transformatie van ons ziel-geest-lichaamsysteem. **Het hele softwarepakket dat we met onze opvoeding in veelheidsbewustzijn geïnstalleerd hebben gekregen in onze biocomputer moet op allerlei fronten geüpdatet dan wel vervangen worden door een softwarepakket dat de ervaring van eenheid te midden van de verscheidenheid ondersteunt.** Zoiets doe je niet in een weekend, en zoiets lukt ook niet als je er niet met hart en ziel naar verlangt. Toewijding is dan ook een essentieel ingrediënt dat als katalysator werkt op het grote heelmakingsproces waarvoor we allemaal in de wieg zijn gelegd.

**15. Vrijheid, de toestand van onthechtheid, is die meesterlijke toestand van bewustzijn die niet beïnvloed wordt door verlangens. De geest dorst dan niet langer naar objecten van waarneming, zelfs niet naar de genietingen die in de vedische teksten beloofd worden.**

Onthechtheid en onafhankelijkheid van zintuiglijke objecten, gehoord of gezien, is een automatisch gevolg van de vrijheid die we ons in de toestand van zelfbewustzijn ervaren. Ware vrijheid betekent dat we zelfs onverschillig zijn ten opzichte van de schriftuurlijke teksten die spreken over het leven in het hiernamaals. Het is ook bekend bij de traditionele religies dat de ziel na de lichamelijke dood verder leeft in een fijnstoffelijke wereld. Hier oogsten we de vruchten van de handelingen die we op aarde verricht hebben. Wanneer we een deugdzaam leven hebben geleid dan zijn de vruchten plezierig en aangenaam.

Terwijl de religies de mens op deze grond aansporen om goede handelingen te verrichten stelt de beoefenaar van yoga zichzelf een hoger doel. **De ware yogi – de mens met een totaalinzicht in de werkelijkheid – is niet geïnteresseerd in de genietingen van hemelse regionen.** Hij weet dat ook die beperkt zijn in zowel kwaliteit als duurzaamheid. **Hij weet dat de hemelse genietingen in het niet vallen vergeleken bij de gelukzaligheid die eigen is aan eenvoudige zelfkennis! Alleen zelfkennis schenkt de *absolute* bevrijding in de ervaring van *Sat Chit Ananda* – Absoluut gelukzaligheid bewustzijn.**

De mens met inzicht weet bovendien dat hemelse zielen toch weer op aarde zullen incarneren omdat de uiteindelijke vrijheid alleen in een menselijk lichaam gerealiseerd kan worden. **Vrijheid is nu eenmaal de essentie van het leven. Vrijheid is nu eenmaal de essentie van bewustzijn.** Met wat voor lichaam ons bewustzijn zich ook maar bekleedt, we blijven ernaar streven om de totale vrijheid, die nu eenmaal een wezenlijke eigenschap van onze essentie is, te realiseren. De ziel wil nu eenmaal haar essentie ervaren en een weerstandsloos kanaal worden voor het goddelijke Zelf. Daarom verlangt elke levende ziel intuïtief naar vrijheid. Het leven gedijt in vrijheid.

Daarom is het goed dat de beoefening van yogatechnieken ons bewust kan maken van wat vrijheid in werkelijkheid is: de ervaring van ons ware Zelf. De uiterlijke vrijheid in denken, spreken en handelen die men wereldwijd nastreeft is natuurlijk wel belangrijk en ook wel de moeite waard, maar is in laatste instantie slechts relatief. Zij is beperkt in tijd en ruimte, en staat dus niet gelijk aan de uiteindelijke of totale bevrijding. We doen er goed aan het feit onder ogen te zien dat onze ziel niet zal rusten voordat zij haar uiteindelijke doel heeft bereikt. **De ziel blijft snakken naar zelfbewustwording.** Pas als die verworven is, is ook het probleem van gebrek aan uiterlijke vrijheid met wortel en al uitgeroeid. Onze geest wil alsmaar meer en meer van het goede dat hij ervaart. De geest zal op geen enkel niveau van uiterlijke vrijheid ooit blijvende tevredenheid ervaren. De natuurlijke tendens van de geest – die een uitdrukking is van de behoefte van de ziel – blijft ons aansporen om een steeds grotere mate van vrijheid te ervaren totdat we meer dan het meeste ervaren.

**Wanneer gedachten, gevoelens en herinneringen in meditatie tot rust komen ervaart het bewustzijn zijn eigen onbegrensde aard.** Dan pas vindt de geest wat hij al die tijd gezocht heeft. Dan pas ervaren we datgene dat meer is dan het meeste: we worden ons bewust van onze onbegrensde aard. Door de stabilisatie van zelfbewustzijn als gevolg van de toegewijde beoefening van meditatie en andere yogatechnieken worden we gevestigd in eeuwige en onbegrensde vrijheid. Dan ervaren we ware levensvrijheid, zelfs in het dagelijkse leven waarin we ons in duizend en één grenzen moeten bewegen. Ware levensvrijheid is dus niets anders dan een toestand van bewustzijn. **Door de beoefening van het achtvoudige pad van yoga wordt ons bewustzijn zodanig gecultiveerd dat ons bewustzijn zich bewust wordt van bewustzijn als zodanig.** Wij zijn ons dan bewust van onszelf, in al ons doen en laten. Het subject (wijzelf) wordt niet langer overschaduwd door de objecten van waarneming (gedachten, gevoelens, verlangens, lichamen, bezittingen, sociale posities, huizen, auto's et cetera.)

**Hoewel we leven te midden van bovengenoemde zintuiglijke objecten weten we onszelf vrij van deze.** Onthechtheid wil dus niet zeggen dat we al deze uiterlijke genietingen opgeven en verzaken! Het wil alleen maar zeggen dat we er innerlijk onafhankelijk van zijn. We hangen ons geluk er niet aan op. We zijn er niet mee geïdentificeerd. Dit is ware levensvrijheid, en onze ziel zal niet rusten voordat zij zich deze natuurlijke, ontspannen en aangename toestand van zelfrealisatie heeft eigen gemaakt. Het is de natuurlijke tendens van bewustzijn als zodanig, om zichzelf te manifesteren en zijn ware aard te realiseren binnen het menselijke en wereldse bestaan. Het leven zelf is van nature vrij en ongebonden. Daarom laat niemand zich een etiket opplakken tegen zijn wil in. Het leven laat zich niet vangen in regels, dogma's en bevelen.

**16. De hoogste vorm van vrijheid en onthechtheid bestaat uit de ervaring van het ware Zelf. Hierdoor wordt men bevrijd van de drie guna's, de drie hoedanigheden waarin de natuur zich aan ons voordoet.**

De drie guna's worden te berde gebracht in vrijwel alle takken van de vedische literatuur, en worden *Sattva, Rajas* en *Tamas* genoemd. Zij staan voor de drie fundamentele tendenzen van de werkelijkheid. *Sattva* is de tendens tot evolutie en eenwording. *Rajas* is de impuls tot activiteit als zodanig. *Tamas* is de tendens die het leven doet neergaan, vervallen en oplossen. Deze drie tendenzen werken altijd samen en worden aangetroffen op alle niveaus van het relatieve bestaan. Deze soetra benadrukt dat ware zelfkennis voorbij alle vormen van het relatieve bestaan gaat. Ook in de Bhagavad Gita wordt dit feit benadrukt. Daar zegt Krishna tegen Arjuna dat het ware Zelf absoluut is en als zodanig voorbij alle niveaus van de relatieve schepping bestaat. Om ons Zelf te realiseren moeten we dus bewust worden van datgene dat voorbij de drie guna's bestaat. **Krishna's advies aan Arjuna was dan ook: *'Nistraigunyo bhava Arjuna'* – 'Wees zonder de drie guna's, Arjuna'.**

De indeling van de manifeste schepping in drie hoedanigheden impliceert dat de hele schepping zich ontwikkelt door de dynamische interactie van drie basis ingrediënten. De drie guna's worden begrepen als de drie fundamentele krachten van de Natuur: *Sattva* (afgeleid van *sat*, dat zijn, waarheid betekent) staat voor stabiliteit, creativiteit, intelligentie, licht, evenwicht, expansie, evolutie, waarheid, goedheid, schoonheid, liefde en dergelijke. *Rajas* (afgeleid van *raj*, hetgeen groeien, vooruitgaan betekent) staat voor activiteit, dynamiek, transformatie, onrust, onstabiliteit, hebzucht en dergelijke. *Tamas* (afgeleid van *tam*, hetgeen neergang, ondergang betekent) staat voor afbrekende tendenzen, verbergende tendenzen, duisternis, inertie, traagheid, verborgenheid, verdeeldheid, materialisme, onwetendheid, haat, destructiviteit en dergelijke.

Later komt Patanjali terug op de alomtegenwoordige aard en de allesomvattende functie van de drie guna's. (In soetra's 18 en 19 van hoofdstuk 2.) De universele aard van de drie guna's komt leuk aan het licht in de betekenis die we kunnen toeschrijven aan in die drie letters van het woord '**GOD**': **G**eneration (= Sattva), **O**rganisation (= Rajas), **D**issolution (= Tamas).

De drie hindoe godheden Brahma, Vishnoe en Shiva symboliseren respectievelijk deze drie aspecten van de goddelijke aard van bewustzijn.

**17. De tot rust gekomen geest komt in een toestand die *samadhi* wordt genoemd. *Samadhi* kan ervaren worden op vier niveaus, al naargelang de aard van de geestelijke activiteit waarmee zij gepaard gaat. Aanvankelijk gaat *samadhi* samen met activiteit op het grove niveau, daarna op een subtiel niveau, dan samen met een gevoel van gelukzaligheid en ten slotte met het besef van 'ik ben'. Deze vormen van *samadhi* worden *samprajnata* genoemd.**

Hier introduceert Patanjali een kernbegrip van de yoga-filosofie en beoefening. Samadhi betekent letterlijk iets van 'holistisch bewustzijn' .Praktisch gezien komt *samadhi* neer op een soort absorptie van de geest. De vier vormen van *samadhi* die Patanjali hier introduceert worden gekenmerkt door het samengaan van de innerlijke stilte (mentale absorptie) met een bepaald niveau van geestelijke activiteit. *'Samprajnata'* **betekent dan ook letterlijk: 'samen met geestelijke activiteit'.** Ondanks de aanwezigheid van een mentale activiteit is er toch sprake van een bepaald niveau van mentale absorptie. **Absorptie is de essentie van samadhi.**

De vier niveaus van *samprajnata samadhi* hebben betrekking op vier subtiele lichamen waarmee we onszelf bekleed hebben en waardoor wij functioneren en in contact staan met de materiële werkelijkheid. Deze vier lichamen vormen het 'voertuig' waarvan we ons op de vier niveaus van de werkelijkheid bedienen. Zij staan respectievelijk bekend als het astrale lichaam, het mentale lichaam, het causale lichaam en het spirituele lichaam.

De geestelijke functies die zich afspelen op deze vier niveaus, laten zich ruwweg indelen in de volgende vier soorten: voelen, denken, intuïtief begrijpen en het schouwen. Deze vier stadia van toenemende verfijning van onze geestelijke activiteit en het inzicht dat we daarbij genieten hangen samen met vier niveaus waarin de drie guna's het universum structureren. In soetra 19 van hoofdstuk twee zegt Patanjali hier meer over.

**18. Door herhaalde ervaring van *samprajnata samadhi* wordt *samadhi* alsmaar completer en komt de geestelijke activiteit volledig tot rust. Enkel de latente indrukken van vroegere ervaringen blijven nog aanwezig. Deze vorm van *samadhi* wordt *asamprajnata samadhi* genoemd.**

**Alle vormen van mentale absorptie zijn helend voor de geest en geven voldoening aan de persoonlijkheid.** Mentale absorptie houdt in dat we ergens in opgaan. Dit kan van alles zijn zoals we weten uit de ervaring van alledag. Eten, drinken, slapen, dromen, werken, spelen, een hobby beoefenen, je plicht doen, je helemaal laten gaan, communiceren, muziek maken, naar muziek luisteren, mediteren, de liefde bedrijven, autorijden, televisiekijken et cetera, gaan alle gepaard met een zekere mate van geestelijke absorptie. **Hoe meer we opgaan in iets, hoe meer bevredigend het is en hoe meer het als vervullend wordt ervaren.**

De ervaring van enige mate van samadhi tijdens bepaalde yogaoefeningen traint ons zenuwstelsel om in een toestand van innerlijke rust te blijven, zelfs terwijl we bezig zijn met een vorm van activiteit. **Zo ontwikkelen we een toestand van bewustzijn die alle niveaus van geestelijke activiteit omvat** – van de diepte van stilte tot en met alle vormen van dynamische activiteit. Deze stabiele bewustzijnstoestand gaat voorbij aan het alledaagse waken, slapen en dromen en ook aan de simpele ervaring van innerlijke stilte. **Zij combineert innerlijke stilte met uiterlijke activiteit.** Als zodanig is het een hogere, een meer geïntegreerde bewustzijnstoestand die we vanwege haar alomvattende aard 'kosmisch bewustzijn' kunnen noemen. Kosmisch is een mooi woord voor: alomvattend. Later komen we hier uitvoerig op terug.

Latente indrukken worden *samskara's* genoemd. Zij vormen de kiem voor toekomstige handelingen. Ook hier wordt later dieper op ingaan. *Asamprajnata* **betekent letterlijk: zonder geestelijk activiteit.** *Asamprajnata samadhi* staat dan ook voor de innerlijke ervaring van absolute stilte. **Deze gelukzalige toestand wordt ook wel** *nirvikalpa samadhi* **genoemd.** Deze begrippen verwijzen naar de toestand van innerlijke waakzaamheid die we in de meditatie kunnen ervaren in de pauze tussen twee gedachten. Zij staan dus voor de ervaring van de meest eenvoudige, de meest simpele vorm van ons eigen bewustzijn. Eenvoudigweg Zijn.

Telkens nadat we een gedachte hebben gedacht is er een moment van stilte alvorens de volgende gedachte opkomt. Wanneer de geest onrustig is en op de een of andere manier volledig door gedachten in beslag wordt genomen dan kunnen we deze innerlijke stilte niet registreren. Wanneer we daarentegen slapen dan bevinden we ons weliswaar in een oceaan van innerlijke stilte maar we worden deze niet gewaar omdat 'iemand het licht heeft uitgedaan'. **De beoefening van yoga houdt in dat we ons zenuwstelsel zodanig verfijnen dat we de activiteit van ons ziel-geest-lichaam-systeem naar wens kunnen laten afnemen zonder dat we daarbij in slaap vallen. Dit is alles wat meditatie probeert te bereiken.** Door het zo te bezien – in het licht van gezond verstand – wordt het hele thema spiritualiteit ontdaan van zijn mistige en mystieke aura. En zo hoort het ook. De beoefening van yoga is een zuiver wetenschappelijk proces. Het bestaat uit het dagelijks uitvoeren van een herhaalbaar experiment waarbij ons ziel-geest-lichaam-systeem het laboratorium is en ons bewustzijn de absoluut onpartijdige getuige van wat er allemaal in ons ziel-geest-lichaam-systeem gebeurt.

Misschien klinkt het gebruik van het woord 'wetenschappelijk' in de context van yoga wat vreemd. Dat komt omdat de wetenschappelijke benadering in het westen gewoonlijk beperkt wordt tot de studie van relatieve, materiële verschijnselen. Niets in de wetenschappelijke benadering dwingt ons er echter toe om haar te beperken tot het relatieve terrein. **Ook de studie van bewustzijn kan zich kenmerken door precisie en systematiek, in zowel theorie als praktijk, zodat het intersubjectief verifieerbaar wordt.** Dit is het kenmerk van wetenschappelijkheid. De aanpak van Patanjali voldoet aan deze eisen.

**19. Deze toestand (van *asamprajnata samadhi*) komt overeen met die van wezens die geen stoffelijk lichaam bezitten, en als zodanig ook met de toestand van degenen die geabsorbeerd zijn in de schoot van moeder natuur en wachten op hun wedergeboorte.**

Deze soetra werpt een licht op de diepgang die de mens in zichzelf kan ervaren. De beoefening van yoga kan dan ook uitlopen op een ervaring van een geestelijke wedergeboorte. Net als Paulus zei: 'Ik sterf elke dag, en word elke dag opnieuw geboren'. Door de dagelijkse beoefening van het achtvoudige pad van yoga kunnen we leren inzien dat deze uitspraak van Paulus de beschrijving is van een natuurlijk proces dat in wezen elke dag automatisch plaatsvindt. **Zoals gezegd is deze toestand van diepe samadhi dezelfde toestand als die van de slaap, met als enige verschil dat men zich bewust is van die weldadige, regenererende stilte.** Hierdoor wordt het effect dat deze absolute stilte op ons heeft vele malen versterkt. In hoofdstuk drie zullen we zien wat voor latente mogelijkheden zich dan automatisch (*atma*-matisch!) gaan manifesteren. Het enige dat daarvoor nodig is, is een regelmatige beoefening van het tot rust laten komen van de geestelijke activiteit.

Traditioneel wordt deze beoefening *dhyana* genoemd, ofwel meditatie. In de Bhagavad Gita zegt Krishna dat meditatie gezien moet worden als een *'universeel Dharma'*. Dharma betekent letterlijk: 'dat wat ondersteunt', 'dat wat je van binnenuit sterk maakt'. Naast slaap en voeding is meditatie een vereiste om het ziel-geest-lichaam-systeem in een goede conditie te houden en het dagelijks te ontdoen van vermoeidheden en spanningen. Eten en drinken geeft voedsel aan het lichaam. Slaap geeft voedsel aan de geest. Meditatie geeft voedsel aan de ziel. Alle drie "voedingsmiddelen" zijn absoluut noodzakelijk voor de ontwikkeling van onze persoonlijkheid.

**20. Voor de belichaamde mens wordt samadhi voorafgegaan door vertrouwen, kracht, herinnering, innerlijke rust en onderscheidingsvermogen.**

Zonder vertrouwen – *'Shraddha'* – bereikt men in het leven niets. Omgekeerd bereikt men in het leven alles waar men op vertrouwt. Vertrouwen staat eenvoudigweg voor je geen zorgen maken en je weten te ontspannen. Dit is heilzaam voor het ziel-geest-lichaam-systeem. Hoe leren we diepgaand te ontspannen en te vertrouwen op onze innerlijke kracht? De meest diepgaande injectie van innerlijke kracht en vertrouwen die we onszelf kunnen geven is meditatie. **Meditatie is in wezen niets anders dan een proces van graduele ontspanning waardoor je geleidelijk aan verlost wordt van zorgen, angst en elke ander vorm van krampachtigheid.** Hierdoor ontmoet men zich zelf in de dubbele betekenis van het woord. In de gebruikelijke zin van het woord word je je bewust van jezelf als zijnde een subject, een levend bewustzijn. **In de ongebruikelijke zin van het woord staat het *ont–moeten* van jezelf voor het oplossen van alle vormen van 'moeten' in je leven, d.w.z. het verlost worden van alle dwangmatigheden en krampachtigheden in het denken, voelen, spreken en handelen.**

Deze tweeledige vorm van *ont*-moeten is al wat nodig is voor de ziel om haar essentie te ervaren en voor het Zelf om zichzelf te realiseren. In de eerdere soetra's werd deze zelfontmoeting *samadhi* genoemd. **Letterlijk betekent *samadhi*: holistisch bewustzijn.** Een holistisch bewustzijn is een bewustzijn dat stabiel is, overzicht heeft, inzicht heeft, vertrouwen heeft, zich niet druk maakt en zich geen zorgen maakt. Met andere woorden, iemand met een holistisch bewustzijn kenmerkt zich door zijn natuurlijke vermogen het hoofd koel te houden, ook onder moeilijke omstandigheden.

De tweede kwaliteit die Patanjali ziet als een voorwaarde voor de diepere niveaus van samadhi is *'virya'*, hetgeen staat voor kracht, mannelijkheid, dapperheid, vastberadenheid et cetera. Ook dit is een natuurlijk ingrediënt van de gezonde geest. Was de eerstgenoemde kwaliteit vrouwelijk en passief, deze kwaliteit is mannelijk en actief. De combinatie van rust en activiteit duidt op een geïntegreerde persoonlijkheid. Samadhi kan daarom ook vertaald worden als 'geïntegreerde bewustzijnstoestand'. **Praktisch gezien komt dat neer op het beschikken over een geestelijke gezondheid.** Men is niet meer ontvankelijk voor aandoeningen als angst, agressie of depressie.

De derde voorwaarde voor samadhi is *'Smriti'*: herinnering of geheugen. Een goed werkend geheugen is een 'sine qua non' voor een normaal en efficiënt functioneren van lichaam en geest in combinatie met de ziel. **Het individuele bewustzijn dient zich te herinneren dat het in wezen onsterfelijk en immaterieel is en daarom in wezen onpersoonlijk en universeel.** Een geïntegreerde persoonlijkheid herinnert zich zijn goddelijke aard. Als we echte geestelijke gezondheid genieten wil dat zeggen dat we onze oorsprong, onze oorspronkelijke onschuld, onze oertoestand als absoluut gelukzaligheid bewustzijn levendig kunnen *her–inneren*, waar en wanneer we dat ook maar wensen. Dus herinnering is een onmisbaar element, een natuurlijk ingrediënt van de geïntegreerde toestand.

De vierde voorwaarde voor de ervaring van *asamprajnata samadhi*, zegt Patanjali hier, is de ervaring van periodes van een kortstondige samadhi, ofwel een kortstondige geestelijke absorptie in stilte en rust. In de yoga-literatuur wordt dikwijls vermeld dat de regelmatige ervaring van een kortstondige samadhi zich vanzelf ontwikkelt tot de ervaring van permanente samadhi. *'Khsanika samadhi'* – 'tijdelijke absorptie' ontwikkelt zich geleidelijk aan naar *'Nitya samadhi'* – 'permanente absorptie', een traditionele term voor wat we ook kosmisch bewustzijn kunnen noemen.

Ten slotte noemt Patanjali *'prajna'* – onderscheidingsvermogen of intelligentie, als iets dat gewoonlijk voorafgaat aan de toestand van absolute innerlijke vrede. Inderdaad, samadhi kan in zijn geheel beschreven worden als een toestand van ontwaakte intelligentie. Zonder een levendige intelligentie en onderscheidingsvermogen kan er immers geen sprake zijn van een toestand van een 'holistisch bewustzijn'.

## 21. Samadhi is heel nabij voor hen die er vurig naar verlangen.

*'Asamnak'* betekent ook 'spoedig'. Deze soetra vermeldt dat er geen grote afstand af te leggen is om tot de ervaring van het zelf te komen. Eveneens hoeft er niet veel tijd overbrugd te worden. Zoals bij alles in het leven komt ook het bereiken van samadhi erop aan hoe sterk we ernaar verlangen. **Het organiserend vermogen van onze intentie is oneindig groot.** Wat we in de grond van ons hart verlangen zal door niets of niemand kunnen worden tegengehouden. Hoe heerlijk is het niet eindelijk gezond verstand aan te treffen op het gebied van spiritualiteit. Religies overal ter wereld verkondigen de hypocriete en onmogelijke leer van het reduceren en opgeven van verlangens.

**Elke activiteit van alle wezens, van de amoebe tot aan de schepper van het heelal, is gebaseerd op een verlangen.** Als het de bedoeling zou zijn om verlangens op te geven zouden we niet eens toe mogen geven aan het verlangen om gezond te eten of om bijtijds naar bed te gaan. **Het is dan ook een draak van een leer die zegt dat je moet ophouden met verlangen.** Niemand doet dat sowieso omdat het onmogelijk is, maar toch heeft het christendom en het judaïsme en vooral het boeddhisme talloze oprechte zoekers met deze leer danig in de war gebracht.

Deze onmogelijke leer hangt samen met het eeuwenoude gerucht dat zegt dat je je ego moet vernietigen of doden wil je gelukkig en vrij worden. Een trieste leer die enkel kan resulteren in schijnheiligheid en onderdrukking van alles wat natuurlijk en gezond is in de mens. Waar komt deze leer eigenlijk vandaan? Wie heeft hem bedacht? Waar is zij op gebaseerd? Zij is gebaseerd op een verkeerde interpretatie van de woorden van zelf-gerealiseerde mensen. **Iedereen die zich zelf gerealiseerd heeft weet dat het Zelf absoluut vrij is van verlangens.** Of beter gezegd, het Zelf is de vervulling van alle verlangens. Toen volgelingen van verlichte zielen zoals Krishna, Boeddha, Shankara, Jezus, et cetera, bemerkten dat hun meester diep tevreden was met zichzelf en in wezen geheel vervuld was en gevestigd was in een toestand die vrij was van verlangens, begonnen zij in hun verlangen (!) om net zo vrij en vervuld te worden als hun verlichte voorbeeld, bepaalde verlangens te ontkennen en te onderdrukken in de hoop dat ze dan vanzelf weg zouden blijven. **De praktijk leert echter dat wanneer we verlangens onderdrukken, we in een soort mentale kramp terecht komen. Spontaniteit en authenticiteit gaan min of meer verloren ... We kunnen daarbij neurotisch of schijnheilig worden ...**

Vrijheid van verlangen is niet iets waartoe we ons forceren kunnen; het is een bewustzijnstoestand ... In samadhi komen alle verlangens tot bedaren en worden we vervuld van innerlijke vrede. We ervaren een toestand van wensloos geluk. Maar als we menen deze toestand te kunnen bereiken door verlangens te onderdrukken, dan hebben we het bij het verkeerde eind. Samadhi ontstaat niet door onderdrukking of door welke vorm van forceren dan ook. Het is een toestand van ontspanning en bevrijding! Samadhi treedt op als gevolg van de vervulling van verlangens. Daarom zegt Patanjali hier dat Samadhi makkelijk en snel te bereiken is door hen die er vurig naar verlangen!

De verwarrende en onpraktische filosofieën over de onwenselijke en schadelijke aard van verlangen zijn ervoor verantwoordelijk dat het hele gebied van spiritualiteit een twijfelachtige, en in veel gevallen een slechte naam heeft gekregen. Gelukkig zijn de oorspronkelijke uitdrukkingen van Patanjali door de eeuwen heen bewaard gebleven. In de 195 Yoga Soetra's beschikken we over een praktische levensfilosofie die wel te rijmen valt met gezond verstand!

**22. Een verder onderscheid ontstaat door de middelen die men hanteert. Deze kunnen mild, matig of intens zijn.**

Zelfs indien twee mensen hetzelfde intense verlangen hebben om spirituele vrijheid te bereiken, komt de snelheid waarmee ze vordering maken op het padloze pad van spiritualiteit aan op de middelen en technieken die zij hiervoor hanteren. Aangezien spiritualiteit een puur individuele aangelegenheid is schrijft Patanjali geen enkele starre regel of vastomlijnde techniek voor om het begeerde doel te bereiken. Hij laat alles over aan de aard van de individuele aspirant. Hij geeft hier een heel flexibele indeling aan, waarin ieder zijn persoonlijke aanpak zal kunnen herkennen.

De indeling in mild, matig of intens is geen objectieve indeling, daar zij heel rekbaar is en op velerlei wijzen kan worden geïnterpreteerd. Wat voor één persoon echt intens is, is voor de ander slechts een gematigde aanpak. Dat is een van de charmes van de vedische wetenschappen in het algemeen. Er worden geen starre voorschriften of dogma's verkondigd. Eenieder kan op zijn individuele manier zijn eigen weg en eigen tempo bepalen.

**23. Asamprajnata samadhi kan ook bereikt worden door overgave aan God.**

Sprak Patanjali hierboven over het gebruik van middelen en technieken die we kunnen hanteren om de uiteindelijke realiteit deelachtig te worden, hier laat hij ons meteen weten dat er ook een andere weg bestaat, namelijk de weg van het hart. Door je leven in handen van God te leggen en deze attitude tot in het absolute vol te houden, word je je er geleidelijk aan van bewust dat jij inderdaad geen 'individuele handelaar' bent, maar dat al jouw gedachten, woorden en daden in werkelijkheid de gedachten, woorden en daden zijn van de kosmische Creatieve Intelligentie, die God wordt genoemd! Met andere woorden, ook via de devotionele weg – de weg van toewijding, vertrouwen en overgave – ga je jouw identiteit met God ervaren en begrijpen. **In vedische termen wordt de weg van het hart *bhakti* genoemd.**

**Globaal gesproken zou je kunnen zeggen dat er twee verschillende wegen naar Godverwerkelijking bestaan.** Deze twee wegen corresponderen met de twee manieren waarop wij mensen ons gewaar worden van de werkelijkheid. Enerzijds hebben we het verstand dat zijn zetel schijnt te hebben in onze hersenen. **Anderzijds hebben we het gevoel dat zijn zetel schijnt te hebben in het hart.** Bij de ene mens staat het verstand voorop, bij de andere staat het gevoel meer voorop. Van oudsher, en over het algemeen genomen, is bij de man het verstand wat meer ontwikkeld dan het gevoel. Bij de vrouw daarentegen is over het algemeen het gevoel wat meer ontwikkeld dan het logische, verstandelijke en afstandelijke denken. Wellicht is het een goede zaak dat deze indeling steeds minder vaak opgaat. Het is immers de bedoeling dat elk mens beide aspecten in zichzelf ontwikkelt en deze twee benaderingen in harmonie brengt met elkaar. **De verstandelijke weg naar Godverwerkelijking wordt in vedische termen *gyana* genoemd,** een term die verwant is aan de Griekse term *gnosis*, dat weer de wortels bevat van het Engelse *knowledge*.

In de toestand van *asamprajnata samadhi* realiseren we onze essentie als bestaande uit zuiver bewustzijn. Ons bewustzijn realiseert zijn ware aard: het wordt Bewust Zijn! Je zou ook kunnen zeggen dat het universele, alomtegenwoordige Zijn zichzelf bewust wordt in de mens. **Maar beter is het om het zo te zien: de levende poppetjes, die mensen heten, worden zich bewust van hun essentie, hun diepste wezen, hun oorsprong.** We ervaren dat we in wezen niets anders zijn dan zuiver bewustzijn! In kerken, synagogen, tempels en moskeeën wordt veel over God, Jahweh, Allah, Shiva, et cetera, gesproken zonder dat men zich realiseert dat God het Kosmische Bewuste Zijn is van waaruit we allen denken, spreken en handelen.

**Men beseft doorgaans niet dat God de essentie is van al wat is, was en zijn zal.** Ook beseft men niet ten volle dat verschillende volken op verschillende continenten verschillende concepten over hetzelfde goddelijke Zijn, over dezelfde alomtegenwoordige God hebben bedacht, en dat die verschillende namen en voorstellingen alle betrekking hebben op één Kosmische God, die niet wordt beïnvloed door de naam die wij hem geven. **Kortom, de mensheid staat wat metafysisch inzicht betreft nog in zijn kinderschoenen.** De dramatische gevolgen van deze mondiale onwetendheid kan men dagelijks in het nieuws op televisie aanschouwen.

**Het moge duidelijk zijn dat de twee genoemde wegen tot Godrealisatie eigenlijk hand in hand horen te gaan. In werkelijkheid *gaan* ze namelijk altijd samen.** De een *kan* niet zonder de ander! Ze zijn twee kanten van dezelfde medaille. Waar en wanneer er ook maar sprake is van ware kennis, daar zal je altijd toewijding, vroomheid en devotie aantreffen. En waar er ook maar sprake is van echte devotie en overgave, daar zul je altijd ware kennis en echte wijsheid aantreffen. **De Indiase wijze Shankara heeft zijn leven lang benadrukt dat gyana en bhakti één zijn. Iemand die volhoudt dat ze fundamenteel verschillend zijn geeft daarmee alleen te kennen dat hij niet eens één van beide heeft begrepen of ervaren.** Te denken dat ze zouden verschillen van elkaar, zegt Shankara, is nu precies wat onwetendheid definieert!

**De integratie van hart en verstand, van liefde en wijsheid, van het vrouwelijke element en het mannelijke element, is nu precies de bedoeling van het menselijke bestaan.** Een geïntegreerde persoonlijkheid is die welke deze twee aspecten met elkaar verzoend heeft. Door een van de beide wegen naar Godverwerkelijking te bewandelen, ontdek je vanzelf dat de andere kant automatisch mee ontwikkelt. **Gyana en bhakti zijn dan ook twee kanten van dezelfde medaille. Op het niveau van de ziel zijn zij één.**

Hoewel Patanjali spreekt over God, Godrealisatie en toewijding aan God, is het duidelijk dat zijn kennis veel diepgaander is dan die van de traditionele religies. Hij legt eerder het gemeenschappelijke fundament van alle religies bloot! **Bovendien corrigeert hij de grootste fout die binnengeslopen is in de meeste reguliere wereldreligies, namelijk de gedachte dat God een entiteit zou zijn die ver buiten de mens te vinden zou zijn.** Patanjali maakt duidelijk dat wat men overal aanduidt met de term God niets anders is dan ons aller bewustzijn. Wij zijn allen manifestaties van dat ene universele en kosmische bewustzijn. Dat ene bewustzijn drukt zich uit, *in* en *door* en *als* ons allemaal. **Bewustzijn is het ene goddelijke element in de schepping waarvan alles en iedereen een manifestatie is.**

Wij mensen zijn in zoverre speciale manifestaties van bewustzijn dat we onszelf bewust kunnen worden van onze (goddelijke) oorsprong, van onze (goddelijke) essentie. **Hiervoor hoeven we alleen maar een studie te maken van ons eigen bewustzijn.** En die studie maken, dat onderzoek doen naar wat ons eigen bewustzijn eigenlijk is, maakt per definitie gebruik zowel van ons vermogen om te voelen als van ons vermogen om te denken. Op het niveau van bewustzijn als zodanig, merken we vanzelf dat wijsheid en liefde van nature door en door verweven zijn met elkaar. **Elke uiting van ware liefde is vanzelf een uiting van grote wijsheid. Elke uiting van echte wijsheid is vanzelf een uiting van universele liefde.** Door te contempleren over de essentiële eenheid van liefde en wijsheid leren we na te denken op het niveau van bewustzijn als zodanig – op het niveau van de Waarheid.. Je zult dan merken dat je denken een danken wordt. Je willen wordt een weten. De ziel verlangt van nature naar en is van nature toegewijd aan zijn oorsprong, het ware en goddelijke Zelf! We hoeven eigenlijk alleen maar bezielde mensen te worden en we komen in zuiver bewustzijn (God) terecht!

**24. God (*Ishvara*) is een uniek wezen dat vrij is van alle vormen van lijden. Hij is vrij van onwetendheid en de gevolgen van onwetendheid. Hij is vrij van activiteit (*karma*) en van de resultaten van activiteit.**

In deze soetra – en in de drie volgende – geeft Patanjali een beschrijving van wat een toegewijde – een bezield mens – onder God zou moeten verstaan. Hij spreekt hier niet vanuit het gezichtspunt van de fundamentele eenheid met God, **maar vanuit een dualistische visie – teneinde devotie aan te kweken in het hart van de mens.** Mensen die de devotionele weg willen bewandelen hebben doorgaans behoefte aan een concrete voorstelling van het goddelijke. Hier geeft Patanjali enkele aanknopingspunten ten behoeve van het zich een voorstelling maken van de uiteindelijke realiteit. In dit stadium van zijn uiteenzetting presenteert hij een dualistische filosofie, waarin God wordt voorgesteld als iets anders dan onze diepste essentie. Zolang wij mensen ons nog met onze sterfelijke persoonlijkheid identificeren, dan kunnen we ons God alleen maar voorstellen als iets anders dan onszelf.

In een later stadium van zijn uiteenzetting – met name in hoofdstuk vier – wordt deze dualistische filosofie vervangen door een eenheidsfilosofie. Maar wanneer we beginnen vanuit een gemiddelde huis-, tuin- en keukenwaaktoestand, is het meestal niet mogelijk om meteen over te schakelen op een allesomvattende eenheidsfilosofie. Bovengenoemd beeld van het goddelijke heeft zijn dienst bewezen in het bevorderen van *bhakti* – overgave – in het hart van de mens. Het cultiveren van toewijding en devotie in ons hart is een effectieve manier om 'dichter bij God' te komen, en ons ten slotte een te weten met God. **Maar zelfs in de toestand van eenheidsbewustzijn blijft men een gevoel van overgave aan het goddelijke behouden.** Dit is een natuurlijk gevolg van het feit dat men nog geassocieerd is met een menselijke persoonlijkheid. Men is immers geïncarneerd in een menselijk lichaam en dit veroorzaakt altijd, zelfs in de toestand van eenheidsbewustzijn, een bepaalde mate van onwetendheid.

**Deze wordt in de yoga- en vedanta-literatuur *'lesha avidya'* genoemd, wat betekent: 'klein overblijfsel van onwetendheid'.** Op basis van dit kleine restje onwetendheid kan ook de volledig zelfgerealiseerde mens – die dus volledig in eenheidsbewustzijn is – de notie van overgave waarderen en onderschrijven. Hoewel je innerlijk geheel en al bewust bent van de allesomvattende eenheid geniet je eenvoudigweg van de golven van devotie en overgave die van nature opkomen in je persoonlijkheid. **Het gevoel van overgave is fascinerender voor de mensenziel dan een abstract besef van eenheid!** Waarom is dat zo? Het voelt gewoonweg liefdevoller aan! De volgende soetra's borduren voort op dit thema.

## 25. In God ligt de kiem van alle kennis. Hij is alwetend en onovertrefbaar.

Zuiver bewustzijn is de bron van de hele schepping. We kunnen zuiver bewustzijn zowel persoonlijk als onpersoonlijk opvatten. **Precies zoals wij onszelf zowel persoonlijk als onpersoonlijk kunnen opvatten.** De mens is immers gemaakt 'naar het beeld van God', zoals de 'goede oude Bijbel' ons al vertelde. Wil je een schepping kunnen voortbrengen, dan moet je kennis inderdaad oneindig en onovertrefbaar zijn – totale alwetendheid. Wil je iets tot stand brengen dat zó mooi en zó complex is als de schepping, dan moet je van tevoren een blauwdruk, een volledig uitgewerkt plan bezitten van al wat je gaat creëren. Anders lukt zoiets nooit. Dus in het Zijn, in het Kosmische Bewuste Zijn, is alle kennis van de schepping al voorhanden – reeds vóór de schepping tot stand werd gebracht. Dat kan niet anders. Elke goede kunstenaar weet dat. Elke ware kunstenaar werkt zo. Toen ze Michelangelo bezig zagen een blok marmer te bewerken, vroegen ze hem wat hij aan het doen was. Zijn antwoord was: 'Ik ben de figuur aan het bevrijden uit het marmer.' **In zijn innerlijke visie bestond het eindresultaat al! Zo werkt ware creativiteit nu eenmaal, zo 'werkt' God dus.** Het Kosmische Zijn moet dus wel alwetend en almachtig zijn, naast het feit dat ze natuurlijk ook alomtegenwoordig is. De gnostici hebben God dan ook altijd begrepen als *omniscient, omnipotent* en *omnipresent*, oftewel alwetend, almachtig en alomtegenwoordig.

## 26. Aangezien Hij voorbij de tijd bestaat, is Hij de leraar van alle leraren, ook van de alleroudste tradities.

Als je wil kun je deze soetra voor jezelf interpreteren in het licht van je zelfrefererende bewustzijn. Het kosmische Bewuste Zijn, dat ons allen bezielt en bewuste wezens doet zijn, bestaat voorbij de tijd. En aangezien het alle kennis in zich draagt betrekken alle levende wezens hun kennis van deze eeuwige en enige bron van alle kennis. **Kennis is nu eenmaal gestructureerd in bewustzijn en daarom merken we spontaan dat hoe meer we ons bewust zijn, des te meer kennis we**

**bezitten.** De aloude zieners, de dragers van de alleroudste tradities van kennis, waren zich terdege bewust dat zij al hun kennis en inzicht te danken hadden aan God, de alomtegenwoordige oceaan van ware kennis. **Ware leraren beweren dan ook nooit dat ze zelf iets bedacht hebben. Ze zijn zich bewust geworden van iets dat altijd bestaan heeft en dat ook tot in eeuwigheid zal blijven bestaan.** Daarom worden deze oude leraren *'Rishi's'* genoemd, hetgeen letterlijk 'zieners' betekent. Dat wil zeggen dat ze de waarheid niet *bedacht* hebben maar eenvoudigweg *ont–dekt*, gezien, waargenomen hebben.

**Indien we God als een persoon opvatten, dan is hij de vader van alle schepselen.** Alle schepselen zijn dan ook in zekere zin volkomen afhankelijk van de alles besturende God. Mensen kunnen niet wijs worden zonder dat Hij dat wil. In de Rig Veda, het oudste tekstboek ter wereld, vinden we veel uitspraken die deze visie tot uitdrukking brengen. De tekst van de Rig Veda wordt dan ook van oudsher gezien als iets dat eeuwig is en niet door mensen bedacht. **In India heet het dat de Rig Veda *'Nitya'* en *'Apaurusheya'* is – 'Eeuwig' en 'Onpersoonlijk'.** De tekst van de Rig Veda wordt door de geleerden van India begrepen als de uitdrukking van de kosmische Intelligentie zelf. Sinds mensenheugenis gaat men ervan uit dat het de Intelligentie van de Natuur zelf is die tot uitdrukking komt in de Rig Veda. In een vers van de Rig Veda maakt de kosmische Intelligentie het duidelijk dat Hij het is die bepaalt wat er met de mensen gebeurt: *'Whomsoever I will, I render formidabel. I make him a Brahman, a Rishi or a Sage'.* – 'Ik bepaal zelf wie ik formidabel maak. Ik maak een brahmaan van hem, of een ziener of een wijze'.

Alwetendheid en almacht zijn hoofdkenmerken van het goddelijke bewustzijn. Aangezien we allen gemaakt zijn 'naar zijn beeld' ontvangen we allen onze wijsheid van Hem die op transcendentaal niveau alle kennis en wijsheid in zich heeft. **Om deze reden bestaat in India de traditie om de spirituele leraar (*guru*) te zien als de verpersoonlijking van God op aarde.** Aangezien we *allen* een manifestatie zijn van God is deze visie geheel juist en absoluut wetenschappelijk verantwoord. Er is dan ook niets mis mee zolang die guru zijn machtspositie niet misbruikt en zich ten doel stelt om ons ervan bewust te maken dat hij niets bijzonders is en dat wij *allen* de manifestatie zijn van God op aarde.

Een mooi voorbeeld van een authentieke Indiase guru is de alom geeerde en legendarisch geworden koning Rama. Toen de mensen hem als God gingen vereren, zei hij in al zijn natuurlijkheid: *"Jullie vereren me nu wel als God, maar ik zie mezelf gewoon als een zoon van Dasharatha. Als jullie mij niettemin als God willen beschouwen kan ik dat niet tegenspreken want wij mensen zijn immers allen de belichaming van God op aarde. Wil je me per se als God zien, dan is dat oké, maar weet dan wel dat je zelf ook God bent."*. In deze trant sprak Rama met zijn medemensen en de zgn. *Ramayana* (een van de meest populaire India geschiedenisboeken) vertelt in geuren en kleuren hoe de hele samenleving opbloeide onder het verlichte bewind van koning Rama.

## 27. Hij wordt aangeduid door de oerklank 'OM'.

Hier geeft Patanjali ons een sleutel waarmee we in Gods aard kunnen doordringen. 'Om' is de grondtrilling van het universum, de allereerste manifestatie van het kosmische bewustzijn. De zaadvorm van alle verdere klanken. Het is de meest natuurlijke klank van de wereld, omdat het de meest natuurlijke klank van het universum is. Het bestaat uit een 'O' en een 'M', die heel vloeiend in elkaar zijn verweven. **De 'O' klank geeft natuurlijk de transcendentale werkelijkheid aan, het Onmanifeste, het Onzichtbare, het Onbegrensde, het Niets. Het niet–iets dus. De 'M' staat natuurlijk voor de manifeste werkelijkheid, de materiële wereld.** Het woordje 'Om' staat dus niet alleen voor de transcendentale God, maar impliceert ook dat God – het goddelijke bewustzijn – zich gemanifesteerd heeft als de zichtbare en tastbare wereld. Sterker nog ... God *is* de wereld geworden. De 'O' is de 'M' geworden. Het Onmanifeste is Manifest geworden. Het *Niets* is *Alles* geworden, als je begrijpt wat ik bedoel. Spiritueel gezien is Bewustzijn *Niets*. Materieel gezien is bewustzijn *Alles*!

De 'O' klank wordt geschreven als een cirkeltje. De cirkel symboliseert het Niets – het is de vorm van de nul –, maar zij symboliseert ook een zelfrefererende *'feedback loop'*. Als zodanig symboliseert het een oneindige potentiele energie. **Bewustzijn is datgene dat bewust is van zichzelf.** Bewustzijn vormt per definitie een zelfrefererende cirkel. Het Zijn, het onbegrensde Zijn, is zich van zichzelf bewust en daarom is het van nature intelligent en creatief. Het brengt een kosmische klank voort: 'ooommm'. De 'm' vormt een continue sinusgolf die aan de basis ligt van alle meer complexe golven. Wil oneindigheid zich uitdrukken in het relatieve bestaan, dan kan dat alleen maar in de vorm van cyclische bewegingen. Zelfs in de schrijfwijze van de 'm' komt dit natuurlijke gegeven mooi tot uitdrukking. De 'm' bestaat immers uit twee golfjes!

Als de vibrerende energie maar groot genoeg is, balt deze zich samen tot materie. De 'm' staat dan ook zeer toepasselijk voor 'materie', de materiële schepping. Maya en Moeder Natuur zijn verwante namen die het materiële universum aanduiden.

**De combinatie van 'O en M' staat dus voor de totaliteit: de eenheid van het Onmanifeste én het Manifeste.** God als de integratie van onmanifest en manifest, absoluut en relatief, stilte en activiteit, niets en alles ... 'Om' suggereert dat het onpersoonlijke en het persoonlijke aspect van het goddelijke in elkaar verweven zijn. **Precies zoals wij mensen zowel een *onmanifest* Zelf zijn als een *manifeste* persoonlijkheid hebben.** Elk wezen in het hele heelal is de belichaming van dit integratieve principe, de vervlechting van de 'O' en de 'M', de vervlechting van bewustzijn en materie.

## 28. Door 'OM' te herhalen, verkrijgt men inzicht in zijn betekenis.

Aangezien 'OM' de grondtoon is van het hele universum, betekent inzicht in de betekenis van 'OM' dat je inzicht verwerft in de betekenis van de hele schepping. Het betekent inzicht in Gods plan. Het betekent inzicht in jouw eigen essentie. Het betekent inzicht in jouw eenheid met het onmanifeste, goddelijke, kosmische, bewuste Zijn.

Het betekent inzicht in het mechanisme van de schepping. Het betekent inzicht in de relatie tussen 'O' en 'M', tussen bewustzijn en materie, tussen ziel en lichaam, tussen zijn en worden (*'being'* en *'be – coming'*), tussen God als transcendentie 'O' en de Mens als manifestatie 'M'. Het betekent inzicht in de relatie tussen God en zijn Manifestaties. Inzicht in de relatie tussen subject 'O' en object 'M'. Kortom, inzicht in het geheel, inzicht in het al. **Het is precies zoals de Oepanishaden al duizenden jaren vóór Patanjali verklaarden: 'Ken datgene, waardoor alles gekend wordt'** ... Wat is datgene waardoor alles gekend wordt? ... Jezelf, je bewustzijn, je *Atma*. Je eigen onbegrensde Zelf, de simpelste vorm van je eigen bewustzijn.

Het lijkt dus geen toeval te zijn dat de klank 'O' als een cirkel geschreven wordt. De cirkel staat in alle esoterische tradities symbool voor de oneindigheid, de onbegrensdheid, het onmanifeste, het volmaakte, het absolute dat compleet is in zichzelf, het volk–o–mene.

Door op 'OM' te mediteren, of zoals de tekst zegt, door *'japa'* (mentale repetitie) te doen op 'OM', doen we dus *japa* op de totaliteit. We doen *japa* op ons Zelf. **Ook wij zijn zowel onmanifest (Bewustzijn) als manifest (lichaam), zowel onpersoonlijk (*Atma*) als persoonlijk (*jiva*), zowel onsterfelijk (Zelf) als sterfelijk (lichaam).** Door onszelf te begrijpen, begrijpen we alles, zeggen de Oepanishaden. Hoe is dat in godsnaam mogelijk? Heel simpel: omdat wij in wezen alles zijn. Wij zíjn de totaliteit. **Er is maar één zijn. Wiens zijn is dat? Ons zijn. Ons aller gemeenschappelijke zijn.** De golf is in wezen niets anders dan water: Het individuele bewustzijn is in wezen niets anders dan kosmisch bewustzijn. Dit is de essentie van de hele yogafilosofie, sterker nog, dit is de essentie van de hele vedische wetenschap! **De Oepanishaden vatten de essentie van alle wijsheid mooi samen in de spreuk: *'Jivo brahmaiva, na parah'* – 'De individuele ziel is de kosmische ziel, en niets anders!'** En dan is er nog de Soefi mysticus Rumi, die zei: "Je bent niet een druppel in de oceaan ... je bent de hele oceaan in een druppel." Dezelfde holistische als die van de Oepanishaden.

Door ons in te *tunen,* door ons af te stemmen op onze essentie, die aangeduid kan worden met het woordje 'OM', raken we afgestemd op de essentie van de hele kosmos. **Als de golf zich afstemt op zijn essentie die uit louter water bestaat, beseft hij zijn eenheid met de hele oceaan, die immers ook uit water bestaat.** Het is alleen maar een kwestie van mooi stil worden van binnen en we realiseren onze komische aard. Vergelijk de kernachtige uitdrukking die we in de Bijbel, in Psalm 46, vers 10 tegenkomen: *'Wees stil en weet dat ik God ben'*. Of zoals het ook vertaald kan worden: 'Wees stil en weet: *'Ik ben God'*.

De scheidslijn die we conceptueel kunnen aanbrengen tussen een dualistische visie en een non-dualistische visie is de laatste sluier van onwetendheid die aanwezig is in het ene en alles 'om'-vattende bewustzijn. Ook deze conceptuele vorm van onwetendheid wordt getranscendeerd zodra we geest, intellect en ego transcenderen en een volkomen inzicht krijgen in de aard van bewustzijn als zodanig. Dit wordt nader verklaard in de volgende soetra.

**29. Hierdoor keert het bewustzijn zich naar binnen, en verwerft men kennis van zuiver bewustzijn en alle obstakels houden op te bestaan.**

Het proces van het *verwerven* van zelfrealisatieFout! Bladwijzer niet gedefinieerd. is hetzelfde proces als het proces van het *overwinnen van de obstakels* tot zelfrealisatie. Terwijl de bulldozer vooruit gaat, duwt hij de obstakels die hij op zijn weg vindt aan de kant. Wanneer de Zon door de wolken heen breekt, betekent dit dat de wolken die ons zicht op de Zon in de weg stonden aan het verdwijnen zijn. Terwijl we gelukkiger worden verdwijnen onze gevoelens van depressie en agressie. Terwijl we meer kennis opdoen vermindert onze onwetendheid. Terwijl we gezonder worden lossen ziektes zich op als sneeuw voor de Zon. Zodra we ons bewust worden van de onbegrensde, alomvattende aard van ons bewustzijn verdwijnen de misverstanden die we over ons Zelf gekoesterd hadden.

Het proces van bewustwording doet ons realiseren dat er in werkelijkheid geen obstakels bestonden voor onze bewustwording: het was enkel een illusie. Zodra de cirkel van de O zich sluit worden we zelfrefererende mensen; mensen die kun kosmische essentie ervaren hebben. Vroeger dachten we dat we kleine, kwetsbare en sterfelijke poppetjes waren, maar nu zien we in dat we altijd een onsterfelijke, onkwetsbare Godheid zijn geweest en dat we dat altijd zullen blijven. *"Human life is all divine"*, zei Maharishi eens – "Het menselijke leven is totaal Goddelijk" Verder placht hij te zeggen: *'Het antwoord op elk probleem is dat er geen probleem is. Laat een mens deze waarheid inzien en hij zal vrij zijn van problemen'*. De volgende soetra vat alle (schijnbare) obstakels tot zelfrealisatie samen in een negental categorieën.

**30. De obstakels op de weg naar eenheidsbewustzijn zijn:**
1) **onvermogen om tot zelfgewaarzijn te komen**
2) **onvermogen om zelfgewaarzijn te handhaven**
3) **begoocheling**
4) **gehechtheid**
5) **luiheid**
6) **onachtzaamheid**
7) **twijfel**
8) **vermoeidheid**
9) **ziekte**

**1. Het onvermogen om het zelf als Zelf te ervaren** wordt in de Ayurveda *pragya aparadha* genoemd zoals we hiervoor al gezien hebben. Het is de oorzaak van alle verdere ongemakken en ziekten, omdat het de mens doet leven in de illusies van afgescheidenheid, verdeeldheid, gebrek, ontoereikendheid, schaarste, schuld, schaamte, inferioriteit, superioriteit, sterfelijkheid et cetera. Het spreekt vanzelf dat wanneer er maar genoeg mensen onderhevig zijn aan deze fundamentele illusie, dat dan ook de maatschappelijke ziekten zoals oorlog en armoede hierdoor worden veroorzaakt. **In een woord: gebrek aan Zelfbewustzijn is de bron van alle ellende.** Aangezien men doorgaans überhaupt niet bezig is om inzicht in het Zelf te verwerven, komt men doorgaans niet toe aan de ervaring van *samadhi*, althans niet de diepere vormen daarvan. Dan leeft men onafgebroken in *Samsara* (de wereld van de altijd veranderende verschijnselen). Het manifeste, zichtbare deel van de schepping wordt voor het *geheel* aangezien. **Men beweegt zich in de 'M' van materie, zonder zich ooit af te vragen wat de oorsprong 'O' van de materie is.**

**2. Het onvermogen om zelfgewaarzijn te handhaven** is hier natuurlijk ten nauwste mee verwant. Wanneer men niet voortdurend gericht is op de ontwikkeling van zijn eigen bewustzijn dan heeft men misschien af en toe een piekervaring van innerlijke vrede en vrijheid en dergelijke, maar het wordt niet een *constante* ervaring. Regelmatigheid in meditatie is doorgaans een vereiste om het ziel-geest-lichaamsysteem te laten wennen aan deze weldadige toestand. Geleidelijk aan groeit dan ons vermogen om zelfgewaarzijn gedurende langere tijd te handhaven. Dagelijkse beoefening van meditatie is paradoxaal genoeg noodzakelijk om de wereld van de noodzakelijkheid te transcenderen.

**3. Begoocheling** is een automatisch en onvermijdelijk gevolg van het leven zonder dat men zich bewust is van zijn of haar eigen essentie. Helaas geldt dit nog steeds – anno 2019 – voor de overgrote meerderheid van de mensheid. De gemiddelde mens die alleen de drie veranderlijke bewustzijnstoestanden ervaart – slapen, dromen en waken – leeft in wezen in een illusie, ofwel in een zinsbegoocheling. De gemiddelde mens, en daartoe behoort helaas ook het merendeel der politici, academici en de religieuze leiders van de wereld, is verstoken van inzicht in zichzelf. Men kent aardrijkskunde, men kent geschiedenis, economie, scheikunde en natuurkunde en eventueel ook astronomie, maar men kan doorgaans geen diepgaand of precies antwoord geven op de vraag wat zijn eigen bewustzijn eigenlijk is. **Dat betekent dus dat men niet precies weet *wie of wat het is* dat zich bewust is van al die takken van kennis.** Men kent wellicht vele aspecten van zijn persoonlijkheid, maar men weet niet precies wat dat bewustzijn is dat de persoonlijkheid doet leven. Men kent de uiteindelijke kenner niet. Men heeft het A B C en eventueel zelfs verschillende talen geleerd, maar nog nooit heeft men de *bron* van de klanken A, B en C ervaren.

De hele werkelijkheid komt dan in een vertekend perspectief te staan.

Men leef in een soort waan. Men vermoedt dat de geest of het bewustzijn een epifenomeen is op basis van de materie. Men hangt een materialistische levensfilosofie aan zonder het overigens duidelijk te beseffen. 'Duidelijk weten' is immers niet voorhanden in een toestand van onwetendheid omtrent de primaire oorzaak en universele substantie van het universum. **Men neemt vormen en bewegingen waar, maar men beseft niet dat die hun oorsprong vinden in het bewegingsloze, de onbewogen beweger, zoals Aristoteles het 'Zijn' definieerde.** Misschien kent men zelfs de filosofieën van Socrates, Plato en Aristoteles, maar men realiseert zich doorgaans niet waar deze wijze mannen het over hadden. Men kent de Bijbel en de Koran, maar mijn ervaring is dat de meesten die de Bijbel of de Koran citeren, niet precies weten wat God of Allah precies betekent. Zou dat namelijk wél het geval zijn, dan zag het wereldgebeuren er heel anders uit! Als ik aan de domheid en de gevaarlijke onwetendheid van de mensheid denk, word ik wel eens herinnerd aan een rijmpje van Goethe. Het was Mellie Uyldert die mij dit eens persoonlijk dicteerde: „Gefährlich ist es den Löwe zu wecken, und schrecklich ist des Tigers Zahn, aber der schrecklichste der Schrecken, ist der Mensch in seinem Wahn." We hoeven maar naar het dagelijkse nieuws te kijken en we zien hoe waar deze woorden van Goethe zijn. Waan of zinsbegoocheling is dáarom zo gevaarlijk omdat het per definitie een vicieuze cirkel met zich meebrengt.

Wanneer we maar lang genoeg geconditioneerd worden in partiële kennis, worden we bang datgene te verliezen wat we hebben en zo ontstaat het verschijnsel gehechtheid:

**4. Gehechtheid** is een natuurlijke reflex van een geest die zich niet geheel kan ontspannen in de toestand van onbegrensdheid die een natuurlijke eigenschap van bewustzijn als zodanig is. Wanneer we ons niet bewust zijn van ons ware Zelf zijn we ons alleen bewust van begrensde waarden in tijd en ruimte. We zijn ons dan pijnlijk bewust van de beperkingen waaraan het relatieve bestaan nu eenmaal onderhevig is. Wanneer we niet weten dat we in wezen onsterfelijk en oneindig zijn, dan houden we onszelf voor sterfelijke wezens, beperkt in tijd en ruimte. Wanneer we ons niet bewust zijn van onze gelukzalige aard, dan is het heel vanzelfsprekend dat we ons geluk *buiten* onszelf gaan zoeken. We klampen ons vast aan *uiterlijke* bronnen van vreugde, veiligheid en plezier: relaties, kinderen, positie in de samenleving, geld, bezit, onderdak en kleding. We wanen ons afhankelijk van al deze manifeste zaken en dan is het heel natuurlijk dat we ons daaraan vastklampen.

**5. Luiheid.** Wanneer we ons niet identificeren met de Creatieve Intelligentie die in alles en iedereen tot uiting komt, dan voelen we per definitie een soort gebrek aan energie. Ook voelen we ons niet zo bezield en geïnspireerd als we eigenlijk zouden willen. En als we niet bezield zijn – als we niet vanuit onze ziel leven – dan hebben we ook geen duidelijk 'Ziel' (Duits voor doel) voor ogen. Deze suboptimale stand van zaken maakt ons inactief en moedeloos. Wanneer deze toestand lang genoeg heerst kan dat uitlopen op luiheid – een natuurlijk gevolg van gebrek aan inspiratie, gebrek aan enthousiasme.

**6. Onachtzaamheid** is ook een vorm van gebrek aan inspiratie en gebrek aan enthousiasme. Als we niet *in* de *'spirit'* leven – het Zelf is de spirit – dan zijn we dus niet *ge–in–spireerd*. Als we niet *'en Theos'* (Grieks voor 'in God') leven, dan zijn we dus niet *en-thousiast*. Zoals je weet is 'God' een mooi woord voor Bewustzijn. Dus als we niet 'in bewustzijn' leven worden we teleurgesteld in het leven en dat kan ons onverschillig, onachtzaam maken. Ook dit is dus een natuurlijk gevolg van het leven in onwetendheid. En op zijn beurt wordt onachtzaamheid een obstakel tot zelfrealisatie. Bij al deze negen obstakels doet zich de vraag voor: Wat was er het eerst: het obstakel of het gebrek aan zelfbewustzijn? Dit is als de vraag naar de kip of het ei? Het antwoord is hiervoor al gegeven: het zijn twee kanten van dezelfde medaille.

**7. Twijfel** is een automatisch gevolg van het ontbreken van kennis. Twijfel vindt plaats in de geest. Kennis bestaat op het niveau van bewustzijn. De geest is van nature instabiel en verspringt van het ene gezichtspunt naar het andere. Dit is allemaal prima en precies zoals het hoort te zijn. **Het enige probleem ontstaat wanneer we ons gaan identificeren met onze gedachten. Dan lijkt het dus of *wij* voort-**

**durend veranderen.** We ervaren dan geen standvastigheid en we hebben geen inzicht, overzicht of doorzicht. Dat maakt ons tot een voetbal van omstandigheden en nergens vinden we innerlijke rust en zekerheid.

Dit blijft onze levenservaring totdat we leren onze aandacht af te wenden van al die verwarrende en vertwijfelende indrukken en we ons leren te centreren in ons zelf. Daar is de verblijfplaats van zekerheid. Alleen het zelf is absoluut en alleen het zelf is het tehuis van alle kennis. Alleen het zelf biedt absolute zekerheid. **Voorheen zagen we al dat kennis gestructureerd is in bewustzijn. Dit verklaart waarom kennis verschillend is in verschillende bewustzijnstoestanden.** In het kosmische bewustzijn is alle kennis over de hele werkelijkheid voorhanden. Wanneer ons kleine 'ik' zich associeert met het kosmische 'IK' dan komen we in een meer alomvattende toestand van bewustzijn terecht. Daarom wordt het **'ik'** in de toestand van zelfbewustzijn ervaren als een veld van **Innerlijke Kennis!**

Onze geest is slechts een instrument waardoor wij ons Zelf kunnen uitdrukken. De geest is van nature een dienaar van het Zelf. We zouden onze geest moeten beschouwen als een loopjongen. Een orgaan van Creatieve Intelligentie waardoor de kosmische Creatieve Intelligentie zich kan uitdrukken. De geest zelf is dus niet bij machte iets te *weten*. Zij kan alleen *denken* en *voelen*. Weten is een eigenschap van bewustzijn. Vandaar Plato's advies om uit de *doxa* te stappen en het gebied van *alèteya* binnen te gaan. *Doxa* staat voor meningen, opinies en doctrines. *Alèteya* staat voor waarheid, kennis en het zekere weten. Het gebied van meningen is op den duur onbevredigend en vermoeiend omdat het nu eenmaal niet bezield is. Alleen het gebied van de waarheid, het zekere weten is bevredigend en enthousiasmerend. Van nature verlangt de persoonlijkheid ernaar om opgenomen te worden in het rijk ware Kennis zoals het Oepanishadische gebed zo mooi verwoordt:

*Asato ma sat gamaya*
*Tamaso ma jyotir gamaya*
*Mrityor ma amritam gamaya*

'Uit onwaarheid, leid ons naar waarheid; Uit duisternis leid ons naar licht; Uit (de ervaring van) sterfelijkheid, leid ons naar (de ervaring van) onsterfelijkheid'.

**8. Vermoeidheid** is dikwijls het gevolg van een gebrek aan inspiratie, een gebrek aan enthousiasme, een gebrek aan *'Een–ergie'* dus. **Elke geestelijke toestand gaat gepaard met een overeenkomstige lichamelijke toestand.** Als we geestelijk weinig hoop, weinig visie, weinig vertrouwen hebben, dan drukt dat zich uit als vermoeidheid, ook op lichamelijk vlak. Dit kan op zichzelf een obstakel worden tot zelfrealisatie.

Vermoeidheid heeft ook vaak een praktische oorzaak. Als we denken dat geluk buiten onszelf te vinden is en dat we pas gelukkig kunnen zijn als we een groot huis, een mooie auto en een hoge maatschappelijke positie hebben, dan gaan we vanzelf heel hard werken. We investeren dan heel veel energie in deze uiterlijke zaken en aangelegenheden. Vroeg of laat raken we dan uit balans. We schenken te weinig aandacht aan ons zelf en we raken daardoor vervreemd van de bron van alle energie en geluk – ons eigen Zelf. De natuur heeft dan een automatisch waarschuwingsmechanisme ingebouwd: we voelen ons moe, gespannen en ten slotte uitgeput. Dat zou voor ons een teken moeten zijn dat we verkeerd (*omgekeerd*) bezig zijn en dat we onze aandacht meer naar binnen zouden moeten keren. Mocht het vermoeidheidssignaal niet herkend worden, dan voorziet Moeder Natuur in een heel scala van nog duidelijker hints teneinde ons toch nog tot inkeer te brengen:

**9. Ziekte.** De duizendkoppige draak van onwetendheid uit zich in een ontelbaar aantal vormen van ongemak (*dis–ease*). Wijze doctoren zeggen dat elke vorm van ziekte een poging tot herstel impliceert. Het lichaam gaat al te lang gebukt onder een soort misbruik van een aantal van zijn functies. Het doet zijn uiterste best om aan onze verlangens en intenties tegemoet te komen. Maar op een goeie dag lukt het hem niet langer en moet hij verstek later gaan. Het eerste wat een dokter aanraadt bij het constateren van een ziekte is: rust nemen. **Door ons**

**minder uitwaarts te bewegen komt er meer energie beschikbaar voor het innerlijke reparatieproces.** Het lichaam is 24 uur per dag bezig zich te zuiveren van afvalstoffen of van stoffen die wij in het lichaam gestopt hebben, maar die het natuurlijke en wonderbaarlijk efficiënte functioneren van het lichaam-geest-ziel-systeem min of meer in de weg staan. Door rust te nemen, en minder van die schadelijke stoffen tot ons te nemen, kan de natuurlijke Creatieve Intelligentie van ons lichaam de gelegenheid krijgen om de zaak weer op de rails te krijgen.

Ziekte is de meest concrete uitdrukkingsvorm van het feit dat ons denken, spreken en handelen in een bepaald opzicht, of in meerdere opzichten, niet in harmonie was met de wetten van de natuur. **Ik zeg dit natuurlijk niet om iemand te kwetsen of voor het hoofd te stoten, maar enkel om de ultieme diagnose van elke ziekte te verschaffen.** Elke ziekte heeft meerdere oorzaken maar de oorzaak van alle oorzaken is het afwijken van de wetten van de natuur. De natuurwetten reguleren het functioneren van het hele universum zonder zich in te spannen. Hoe meer wij ons bewust worden van onze ware aard – die goddelijk is – des te minder hebben we de neiging ons overmatig in te spannen, *casu quo* uit te putten. Integendeel, we leren te denken, te spreken en te handelen vanuit het Zijn, vanuit de toestand van minste excitatie van bewustzijn, vanuit de toestand van zelfbewustzijn, vanuit de ervaring van eenheid, kortom, vanuit de toestand van yoga.

Zoals Krishna het formuleert in de Bhagavad Gita: *'Yoga stha kuru karmani'* – 'Handel terwijl je gevestigd bent in eenheid'. **Deze uitdrukking van Krishna (B.G. Hfst 2 vers 45) kan gezien worden – zou gezien moeten worden – als de universele formule voor succesvol handelen.** 'Doe minder en bereik meer!' zegt hij daar eigenlijk mee. Krishna definieert yoga verder als: *'yoga karma su kaushalam'* – 'yoga is vaardigheid in handelen'. Pas wanneer we gevestigd zijn in zuiver bewustzijn, eenheid, hebben we een goed inzicht in het leven, en handelen we spontaan in overeenstemming met alle wetten van de natuur, d.w.z. op een manier die evolutie en vervulling oplevert voor onszelf en voor anderen.

Hieruit blijkt weer eens het belang van het dagelijks beoefenen van yoga. Het belang van het doen van oefeningen die ons bewust maken van onze toestand van vrijheid en gelukzaligheid. Het mooie van bewustzijn is dat het oneindig is: Als ik er slechts 1 % van ervaar, ervaar ik nog steeds oneindigheid! Net als de druppel en de oceaan: Een enkele druppel onthult de aard van de totale oceaan – niets dan water! Waarschijnlijk is het daarom dat alle religies God beschrijven als barmhartig – zo gauw je maar een beetje inzicht krijgt in Zijn (of Haar) aard, word je al bevrijd van de hele serie van negen obstakels!

## 31. De obstakels gaan gepaard met pijn, depressiviteit, gebrek aan coördinatie tussen lichaam en geest en een inefficiënte ademhaling.

Eenvoudig gesteld komt het hier op neer: wanneer de mens verstoken blijft van de ervaring van zuiver bewustzijn, dan veroorzaakt dit een toestand van *allround* lijden: psychologisch, fysiologisch, sociologisch en ecologisch! Patanjali noemt in deze soetra de symptomen die duiden op een toestand van innerlijke verwarring. Hij laat eenvoudigweg zien dat het hele ziel-geest-lichaam-systeem mankementen vertoont zolang de obstakels niet overwonnen zijn. Ademhaling krijgt een aparte benoeming omdat zij zo direct gekoppeld is aan onze psychologische conditie. Onze ademhaling weerspiegelt op directe wijze onze innerlijke conditie.

## 32. De obstakels kunnen geëlimineerd worden door onze aandacht te vestigen op één enkele waarheid.

Het hele probleem is ontstaan doordat wij mensen onze aandacht continu naar buiten richten via de vijf zintuigen, de geest, het intellect en het ego. Onze achtvoudige aard (de vijf zintuigen plus de drie innerlijke organen: geest, intellect en ego) wordt van jongs af aan getraind en aangemoedigd om zich naar buiten te richten, naar de wereld der objecten. Maar het leven bestaat niet alleen uit multipliciteit, het bestaat even zo goed uit Eenheid. Onze voorouders wisten wat ze deden toen ze de term 'universum' introduceerden. *'Uni'* staat voor eenheid en *'versum'* staat voor veelheid, diversiteit. Een andere, even interessante interpretatie van het woord universum is: 'in de richting van eenheid' (*uni* is eenheid, *versum* is 'naar', 'in de richting van').

Dus hoewel onze huidige cultuur gericht is op de objectiviteit, is het doel van het leven dat we de subjectieve eenheid leren waarnemen te midden van de objectieve veelvuldigheid. **De evolutie van onze geest beweegt zich vanaf de veelheid, via de dualiteit naar de eenheid.** De zintuigen informeren ons elke dag dat het leven oneindig complex is, maar via het juiste gebruik van ons verstand en van onze intuïtie komen we langzamerhand te weten dat het leven tegelijkertijd absoluut eenvoudig is. Hoe meer we oog krijgen voor de ene waarheid die het gebied van de veelvuldigheid doordringt, des te meer overwinnen we de aandoeningen die ons ziel-geest-lichaam-systeem teisteren in de toestand van onwetendheid.

Het is de bedoeling dat we beide aspecten van het leven integreren – dat we de 'O' door laten klinken in de 'M'. Gezond verstand roept ons op om onze aandacht ook eens te richten op iets wat eenvoudig is, op iets dat onveranderlijk is, op iets wat subjectief is, op iets wat rustig en stil is. Zodoende komt onze geest als geheel tot rust en daardoor komen ook de lichamelijke functies weer op orde. **Al wat de mens is, hangt af van hoe zijn geest functioneert.** Door de geest vertrouwd te maken met rust, stilte en evenwicht, bereiden we ons voor op de waarneming en ervaring van de totale abstractie, die ons zelf in wezen is. Samadhi betekent letterlijk: 'holistisch bewustzijn'. Het wordt ook wel eens vertaald als 'evenwichtig intellect'. Begin dus met het intellect en de geest zich te laten focussen op een enkele waarheid en je komt al dichter bij het uiteindelijke doel van het leven: de eenheid te beleven en te genieten te midden van de oneindige diversiteit.

De volgende zeven soetra's geven enkele tips en voorbeelden van hoe de fluctuerende, vertwijfelde en ongelukkige geest tot bedaren kan worden gebracht.

**33. Helderheid van geest wordt bereikt door het aankweken van:**
1. **vriendelijkheid jegens de gelukkigen**
2. **mededogen jegens de ongelukkigen**
3. **vreugde jegens de deugdzamen**
4. **onverschilligheid jegens de ondeugenden**

**Dit zijn vier gouden sleutels om de oorzaken van mentale beroering uit de weg te ruimen.** In veel gevallen zal de praktische toepassing van deze adviezen erop neerkomen dat we kritisch moeten zijn jegens onze eigen geestelijke activiteiten. We moeten ze voortdurend onderzoeken en zo nodig corrigeren.

**1. Vriendelijkheid.** Hoe vaak komt het niet voor dat het geluk van de één, een vorm van jaloezie oproept in de ander. Dit echter tot nadeel van de jaloerse persoon aangezien jaloezie zeer destructief inwerkt op ons ziel-geest-lichaam-systeem. Een ieder die zich wel eens de 'luxe' van jaloers zijn heeft gepermitteerd, zal dat kunnen bevestigen. In de praktijk van alle dag komt het erop neer dat we een grotere mate van alertheid moeten mobiliseren en dat we moeten leren om onze spontane geestelijke activiteit niet zo maar als zoete koek te slikken. **Het beoefenen van yoga betekent onder meer dat we een kritische houding aannemen tegenover onze eigen gedachte-inhouden.** Dit is de essentie van *Svadhyaya*, Zelfstudie (Zie Hfst. 2 soetra 1). En als we dan merken dat een bepaalde gedachtevorm ons helemaal geen goed doet, dan kunnen we hem laten vallen en vervangen door een weldadige gedachtevorm.

Een opmerkelijke leraar op dit gebied is Byron Katie. In haar boek *'Loving what is'* kun je haar hele systeem van zelfbevrijding nader leren kennen. Het is verkrijgbaar in het Nederlands onder de titel: 'Vier vragen die je leven kunnen veranderen'. Haar moderne en originele benadering is geheel en al in overeenstemming met de aloude wetenschappen van yoga en vedanta.

Indien we ons hart verharden jegens de ongelukkigen, dan raken we ook alleen maar verder van huis aangezien we dan ontkennen dat zij een deel zijn van ons eigen, onbegrensde Zelf. **Zoals alle golven de**

**uitdrukkingen zijn van één en dezelfde oceaan, zo zijn alle mensen de verschillende manifestaties van één en hetzelfde kosmische bewustzijn.** Dus als we het geluk hebben gelukkige mensen in onze omgeving waar te nemen, dan voelen we vanzelf een gelukkig makende invloed op ons af komen. Het is alleen maar wijs om dan gewoon mee te stromen met de natuurlijke stroom.

**2. Mededogen.** Albert Schweitzer zei eens: "Ik weet niet wat jullie lotsbestemming zal zijn, maar ik weet wel dat alleen diegenen onder jullie echt gelukkig zullen worden, die een manier gezocht en gevonden hebben om anderen te dienen". Dokter Schweitzer was de belichaming van mededogen. Hij was mededogen in actie. Dit was zijn manier om geestelijke rust en innerlijke vrede te bereiken. Meer dan de helft van de wereldbevolking leeft in erbarmelijke omstandigheden en meer dan een derde van onze medemensen heeft onvoldoende te eten en te drinken! Misschien is het zo dat God zoveel lijden op aarde schept of toelaat om ons de kans te geven mededogen te ontwikkelen en in praktijk te brengen. Daarmee wordt het doel van het leven – de uitbreiding van geluk – dichter bij huis gebracht.

De rijke helft van de wereldbevolking, wij dus, zou zo langzamerhand moeten beseffen dat het ons alleen maar goed zou doen als we onze handen ineen zouden slaan en gezamenlijk zouden besluiten voorgoed een eind te maken aan deze wantoestand. Dat zou meteen een eind maken aan alle terreur. Ik zou hieraan toe willen voegen dat dit de *enige* manier is om een einde te maken aan het internationale terrorisme.

**3. Vreugde.** Wanneer we vreugde scheppen in het zien van deugd, dan wordt ons hart gezuiverd en nemen we deel aan die deugd. Op deze manier verheffen we onszelf en onze medemensen en helpen we de mensheid te evolueren naar een gelukkiger en deugdzamer bestaan op aarde.

**4. Onverschilligheid.** Speciaal interessant vind ik Patanjali's advies om onverschilligheid of onpartijdigheid te betrachten jegens het verschijnsel ondeugd. Daarbij haast ik me om te zeggen dat dit niet alleen geldt voor ondeugd die zich manifesteert in onze medemensen. We doen er ook goed aan om de ondeugd die in onze eigen geest opkomt te bezien met een soort van goddelijke onverschilligheid. Wanneer we onszelf op de kop geven voor een bepaalde ondeugendheid, dan leren we nooit omgaan met deze schaduwkant van onze persoonlijkheid en ons karakter. Wanneer we dan ondeugd waarnemen in onze medemensen dan worden we daardoor uit ons evenwicht gebracht en we zijn dan geneigd hen scherp te veroordelen. Door ons tegen het kwaad te verzetten wordt het alleen nog maar sterker. Daarom zei Jezus ook: 'Verzet je niet tegen het kwaad'. (Mattheus 5: 39). Inderdaad is dit altijd het onderricht geweest van de wijzen in alle delen van de wereld.

Toen Moeder Theresa eens werd uitgenodigd om te spreken tijdens een grote demonstratie tegen de oorlog, heeft ze dat vriendelijk afgeslagen. Ze zei: **'Ik ben niet tegen oorlog, ik ben voor de vrede. Als je ooit een demonstratie organiseert voor de vrede, dan ben ik graag van de partij.'** Mooi, nietwaar? Als we onze negatieve eigenschappen proberen te ontkennen, of als we ze actief proberen te onderdrukken of af te straffen, dan winnen ze dankzij deze aandacht alleen maar aan kracht. En dat is zo ongeveer wat de wereld tot nu toe heeft geprobeerd te doen en daarom heeft het kwaad alleen maar aan explosieve kracht gewonnen. Dit is wat Gandhi ook voor ogen stond toen hij zei: **'Oog om oog, tand om tand, maakt de hele wereld blind en stom'.** Door de eeuwen heen hebben regeringen criminelen en terroristen bestraft en bestreden. Toch heeft deze aanpak de criminaliteit in het geheel niet opgelost. Het is duidelijk dat de wereld toe is aan een nieuwe, meer intelligente aanpak: alleen een nieuw zaad zal een nieuwe oogst opleveren.

Ook met betrekking tot de opvoeding van onze kinderen acht ik dit punt van het groot belang. Wanneer we jonge kinderen strikt verbieden om ondeugende dingen te doen en te zeggen, dan blokkeren we hun natuurlijke groei naar volwassenheid. Kinderen die een natuurlijke mate van ondeugendheid mogen uitleven van hun ouders, ontwikkelen zich tot meer rijpe persoonlijkheden.

Het doel van deze vier adviezen is niet om een gedragscode te leveren die ons voorschrijft hoe we ons moeten gedragen jegens anderen. Dit is de specialiteit (geweest) van alle religies. Patanjali's Yoga Soetra beoogt iets veel intelligenters. Het gaat hem erom om ons een paar aanwijzingen te geven die ons van pas zullen komen als we onze geest willen integreren met onze ziel en onze ziel met ons ware Zelf. Het is goed om Patanjali's adviezen te interpreteren op een zelfrefererende manier: We varen er wèl bij als we een vriendelijke houding aannemen jegens ons eigen geluk, jegens dat deel van ons kosmische zelf dat gelukkig is. We varen er wèl bij als we een houding van mededogen aannemen jegens ons eigen lijden, jegens dat deel van ons kosmische zelf dat ongelukkig is. We varen er wèl bij als we een vreugdevolle houding aannemen jegens onze eigen deugdzaamheid, jegens dat deel van ons kosmische zelf dat deugdzaam is. We varen er wèl bij als we een onverschillige houding aannemen jegens onze eigen ondeugden, jegens dat deel van ons kosmische zelf dat ondeugend is.

## 34. Of door middel van ademhalingsoefeningen.

De yoga literatuur beschrijft een heel scala van *pranayama's*, ofwel ademhalingsoefeningen, van licht tot zwaar, met behulp waarvan we ons ziel-geest-lichaam-systeem kunnen zuiveren en *'resetten'*. Door de ademhaling aan een bewuste procedure te onderwerpen verstoren we tijdelijk het spontane en normale proces van ademen. Hierdoor wordt het hele ziel-geest-lichaam-systeem uit zijn gangbare, normale functioneren gehaald. Wanneer het daarna zijn automatische koers terugvindt, vindt het een vrijere en efficiëntere baan. Maharishi Mahesh Yogi vergeleek *pranayama* eens met een *'dropping'*, waaraan schoolkinderen wel eens worden onderworpen. Gedurende enige tijd is hun normale routine geheel verstoord, waarna ze de weg naar huis moeten zien terug te vinden. Waarom is een dergelijk project een standaard onderdeel van het middelbare school curriculum geworden? Omdat het de kinderen creatiever, intelligenter en daardoor efficiënter maakt! Het is bovendien een soort standaardprocedure waaraan het leven zelf ons allemaal aan onderwerpt. Gooit het leven ieder van ons ook niet regelmatig terug op onszelf? **Elke keer dat onze normale routine onderbroken wordt, geeft Moeder Natuur ons de gelegenheid meer van ons ingeboren potentieel aan te boren en in gebruik te nemen.**

Een mooi effect van *pranayama* is voorts dat het de geest enigszins kalmeert. Wanneer we bewust onze aandacht naar de ademhaling brengen, dan merken we al gauw dat het een rustgevend effect heeft op onze geest. En dat is immers de context waarin dit advies gegeven wordt. De geest kan geen twee dingen tegelijkertijd doen: bewust zijn van onze ademhaling én bewust zijn van de inhoud van onze gedachten. Door onze aandachtsenergie te richten op de ademhaling beseft de geest al gauw dat zijn inbreng even niet nodig of gewenst is en als we geluk hebben houdt hij zich dan even koest. Van nature is de geest altijd in de weer, hij wil altijd iets te doen hebben. Geef hem daarom iets om zich mee bezig te houden: richt zijn aandacht op de natuurlijke golfslag van de ademhaling en je zult zien dat hij even tevreden wordt. In dit opzicht lijkt de geest op een hond. Een hond wil van nature iets te doen hebben: geef hem een bot om op te knauwen, daarmee hou je hem wel even zoet!

**35. Geestelijke helderheid en standvastigheid van het denken wordt ook bereikt door de bewuste verfijning van de zintuigen.**

Eerder zagen we dat obstakels voor verlichting opgeruimd worden door de geest te focussen op één enkele waarheid. Niettemin kan het vervelend worden voor de geest om alsmaar hetzelfde waar te nemen. De geest wordt traditioneel vaak vergeleken met een bij die van bloem tot bloem vliegt. Alleen een steeds zoeter wordende nectar of een steeds groter wordend reservoir van nectar zou de aandacht van een bij van nature vast kunnen blijven houden. Elk object van waarneming bestaat uit vele niveaus. Neem bijvoorbeeld een boom. Hij bestaat uit een structureel niveau van stam en takken. Inwendig kennen we de aanwezigheid van een oneindig vertakt netwerk van 'irrigatiekanalen'. Dan is er het cellulaire niveau. Dan het moleculaire niveau. Daaronder ligt het atomaire niveau. Daaronder ligt het subatomaire niveau van protonen, neutronen en elektronen. Daaronder ligt het niveau van subatomaire deeltjes zoals quarks. Daaronder ligt het kwantummechanische niveau. **Daaronder ligt het niveau van het verenigde veld van alle wetten van de natuur dat door wijze natuurkundigen geïdentificeerd wordt als een veld van bewustzijn.**

Elk opeenvolgend niveau van de boom heeft zijn eigen charme en men zou met recht kunnen zeggen dat hoe dieper men in de boom duikt, des te wonderlijker, des te charmanter het wordt voor de geest. **Op het allerdiepste niveau wordt de boom het meest interessant, want wat blijkt namelijk? De boom is een manifestatie van mijn eigen bewustzijn!** Dan is de boom mij net zo dierbaar als ik ben voor mezelf. Wauw! Dit proces van bewuste verfijning van onze waarneming – steeds dichter komend bij het gebied van pure subjectiviteit – is analoog aan het innerlijke proces van meditatie.

Neem bijvoorbeeld de meditatie op een klank: de door Patanjali aangeraden klank 'OM'. In het begin is het een hoorbare klank die de lucht in trilling brengt. Als we hem dan mentaal gaan denken dan is het een mentale trilling die subtiele trillingen in onze fysiologie en psychologie teweegbrengt. Maar ook in de geest zijn er vele niveaus. We kunnen hem 'hard' denken, maar ook zachter, zachter en zachter ... totdat de klank onze aandacht brengt bij datgene dat kleiner is dan het kleinste, het veld van pure abstractie, stilte, het veld van pure subjectiviteit, het veld van zuiver bewustzijn.

**Dus door deze stapsgewijze verfijning van de waarneming van een object, in dit geval een klank, wordt onze geestelijke activiteit alsmaar meer verfijnd en ons denken wordt stil en standvastig.** Door de herhaaldelijke ervaring van deze innerlijke stilte wordt onze geest permanent gevestigd op het niveau van het Zelf. De regelmatige ervaring van een kortstondige *samadhi* wordt langzaam maar zeker een blijvende *samadhi*. Met andere woorden, **we verwerven geleidelijk aan het vermogen om *onszelf te zijn* in alle omstandigheden.**

Bovenstaand proces van verfijning van de (auditieve) waarneming is de beschrijving van het proces van transcendente meditatie, een meditatie techniek die ik sinds 1974 dagelijks beoefen. Bij mij duurde het 14 jaar van regelmatige, toegewijde beoefening alvorens ik bemerkte dat de *samadhi* werkelijk wortel had geschoten. Op een avond in mei 1988 ervoer ik een toestand van complete normalisatie van mijn zenuwstelsel. Voor het eerst in mijn leven voelde ik me volkomen normaal en ontspannen. *Voor het eerst was ik volkomen mezelf!* Ik rustte in mijn zelf. Mijn ik-besef viel samen met mijn Zelf. Ik voelde me volkomen relaxed. Mijn bewustzijn was zich voor het bewust van zich zelf en genoot van zijn vredige, onbegrensde en zorgeloze aard. Op dat moment – dat een paar uur aanhield – *wist* ik dat ik eeuwig en onsterfelijk was. Ik was niet langer geïdentificeerd met mijn persoonlijkheid. Frans Langenkamp was de persoonlijkheid onder wiens naam ik bekend was in de wereld. **Ik realiseerde me dat ik niet de persoonlijkheid was: ik was onbegrensd, onpersoonlijk, vredig en gelukzalig bewustzijn. Via het ziel-geest-lichaam-systeem dat de naam Frans Langenkamp bij zijn geboorte heeft meegekregen, is het mogelijk voor *mij* om *mezelf* te ervaren en *mezelf* uit te drukken en allerlei relatieve ervaringen op te doen.** Ik voelde me tijdens die ervaring voor het eerst in m'n leven volkomen tevreden. Ik was wensloos gelukkig zogezegd. Ik weet nog dat ik moest glimlachen om de zorgen die ik als Frans Langenkamp placht te maken, en ik zag met absolute zekerheid in dat het absoluut niet nodig is om me zorgen te maken.

Er was nog een ander aspect van deze ervaring dat me misschien wel het meest fascineerde. **Op het moment dat mijn bewustzijn helder was geworden over zijn ware aard besefte ik tot mijn stille verbazing dat ik in wezen niets nieuws ervoer: hetzelfde *Zelf* had ik mijn hele leven al ervaren!** Wat was er dan zo bijzonder aan deze ervaring? In zekere zin was er niets bijzonders aan de hand en dat besefte ik op dat moment ook! Als er op dat moment iemand bij me op bezoek zou zijn gekomen, dan had ik volkomen normaal gereageerd. Ik zou niet eens vermeld hebben dat ik een bijzondere ervaring had. Ik weet nog dat ik me dat ter plekke ook realiseerde. Wat was er dan zo speciaal aan deze avond? Het bijzondere was dat ik nu mijn Zelf, dat ik natuurlijk altijd al had ervaren, *nu als los van mijn geestelijke activiteiten* ervoer.

**Hoewel mijn zelf hetzelfde Zelf was gebleven ervoer ik het nu als los en onafhankelijk van mijn gedachten en gevoelens! Dat was nieuw voor me.** Terwijl het aanvoelde als volkomen natuurlijk, volkomen normaal en volledig ontspannen, toch was het bijzonder omdat ik me voor het eerst in m'n leven absoluut veilig, ontspannen, geborgen en vrij voelde. Of misschien zou ik moeten zeggen dat ik me veilig, geborgen en vrij *wist*. **Het was een *inzicht* in de ware stand van zaken zoals die altijd bestaan had en ook voor altijd zal blijven bestaan!**

Tot op dat moment was mijn zelfidentificatie gekoppeld geweest aan mijn ziel-geest-lichaam-systeem, mijn persoonlijkheid. Nu identificeerde ik me voor het eerst met mijn essentie, met mijn onbegrensde en eeuwige bewustzijn. **Nu ik de ervaring had van onbegrensd bewustzijn identificeerde ik me spontaan dáármee. Mijn bewustzijn was zich gewoonweg bewust geworden van zijn ware aard. Mijn bewustzijn was zelfrefererend geworden.** Frans Langenkamp had daarmee zijn thuisbasis gevonden en daarmee was ik heel tevreden. Frans' geest was van toen af aan stabieler en ook vrediger, al kon men dat van buitenaf misschien niet altijd waarnemen. Frans is immers nog steeds soms blij, soms verdrietig. **Het verschil met vroeger zit hem in een innerlijke ervaring waardoor die blijdschap of dat verdriet in een ontspannen kader en in groter vertrouwen wordt ervaren en verwerkt.** Dit alles ter illustratie dat het precies zo is zoals Patanjali het beschrijft! Ik had geestelijke helderheid en standvastigheid van het denken bereikt door middel van de verfijning van het gehoorzintuig. Maar goed, terug naar de tekst.

## 36. Evenals door de innerlijke ervaring van kalmte of verlichting.

De Sanskriet tekst spreekt van *'vishoka'* – kalmte en *'jyotish mati'* – vol van licht. Bovenstaande ervaring zou ook als illustratie kunnen dienen voor déze soetra. **Verlichting is gewoon een mooi woord voor de ervaring van het zelf als los van geestelijke activiteit.** Het voelt inderdaad aan als een heerlijke verlichting, in de dubbele betekenis van het woord. Het is een synoniem voor bevrijding, onthechting, verlossing, emancipatie, nirwana, kaivalya, kensho, moksha en wat dies meer zij. Meditatie is immers ontworpen om de ervaring van innerlijke kalmte te geven. **Interessant en ook belangrijk vind ik het om op te merken dat je innerlijke kalmte en stilte kunt ervaren ook als de geestelijke activiteit niet volledig tot stilstand is gekomen.** Dat was immers ook mijn ervaring. Ik ervoer het Zelf als een innerlijke kalmte terwijl mijn gedachteproces rustig voortkabbelde. **Een belangrijke instructie voor meditatie is dan ook van oudsher dat we ook niet moeten proberen om op te houden met denken of iets van dien aard.** Dit zou niet alleen uiterst contraproductief zijn, het is bovendien ook niet nodig. Kalmte en verlichting zijn eigenschappen van het Zelf, niet noodzakelijkerwijs van de geest! **Gewaarzijn van ons ware Zelf kan onder alle omstandigheden optreden. Ook in stressvolle of levensgevaarlijke omstandigheden! Geestelijke activiteit is dan ook niet het probleem.** Het enige probleem is het niet-gewaarzijn van de essentie van onze geest, welke uit zuiver bewustzijn bestaat. Hierin ligt een subtiel, maar wezenlijk onderscheid.

Een andere vertaling van deze soetra zou kunnen zijn: Ofwel, door het lijden (*shoka*) te stoppen wordt de geest gevuld met licht. Lijden is een mentale toestand die gewoonlijk teruggrijpt op het verleden. Zodra we door zelfrealisatie inzien dat we onszelf onnodig pijn doen door ons bezig te houden met pijnlijke ervaringen uit het verleden, dan komt automatisch de aandacht vrij voor het hier en nu. **De werkelijkheid is altijd hier en nu. Zodra we dwangmatige gedachten en gevoelens over het verleden en toekomst loslaten, raken we vervuld van de werkelijkheid van het Eeuwige Nu! Het Eeuwige Nu is niets anders dan de ervaring van ons ware Zelf.** Het Zelf existeert buiten tijd en ruimte en wordt door de persoonlijkheid ervaren als de eeuwige kalme en verlichte aanwezigheid waarin we de werkelijkheid altijd en overal in het hier en nu ervaren.

**37. Of door onszelf af te stemmen op personen die boven de dualiteit zijn uitgestegen.**

Het spreekt vanzelf dat het ons goed zal doen wanneer we kennis opdoen van hen die de weg kennen. *Satsang*, of bijeenkomsten in waarheid, zijn een probaat middel om ware kennis en inzicht op te doen. De leraar-leerling-relatie is zowel in oost als west een natuurlijk, vanzelfsprekend en probaat middel gebleken om kennis en inzicht over te dragen. Het mooie van kennisoverdracht van leraar naar leerling is dat het zowel werkt voor subjectieve als voor objectieve kennis. Of het nu gaat om de wetenschap van bewustzijn of om de wetenschap van de stoffelijke wereld. Sir Isaac Newton zei eens: 'Als het dan zo is dat ik verder heb kunnen kijken dan de gemiddelde mens, dan komt dat omdat ik op de schouders van reuzen stond'.

Plato zou nooit tot zo'n grote hoogte zijn gestegen zonder het onderricht van Socrates. De ideale leerling is iemand die verlangt naar kennis, terwijl de ideale leraar iemand is die ernaar verlangt zijn (of haar) inzichten over te dragen. Beide hebben elkaar nodig! Wat is een leraar zonder leerlingen? Wat is een leerling zonder leraar?

Persoonlijk zou ik nooit een commentaar op de Yoga Soetra hebben kunnen schrijven als Maharishi Mahesh Yogi niet zo goed was geweest om de diepe betekenissen van de soetra's aan het licht te brengen. Dus of het nu gaat om subjectieve dan wel objectieve kennis, we doen er goed aan ons af te stemmen op hen die het hele traject hebben afgelegd en die niet meer perplex raken van de paren van tegenstellingen die zowel de fijnstoffelijke (energetische) als de grofstoffelijke (materiële) werelden kenmerken.

## 38. Of door inzicht te verwerven in de aard van de droom- en slaaptoestand van bewustzijn.

De Oepanishaden verklaren: 'Slaap is Brahman!' Dat wil zeggen dat ons bewustzijn in de slaap geheel vrij is, onbegrensd en opgegaan in het absolute. Het punt is alleen ... we zijn ons doorgaans niet bewust van die zalige toestand van *'dolce far niente'* – 'het zalige niets doen'. Als we in slaap vallen gaat gewoonlijk het innerlijke licht uit en zijn we van niets of niemand gewaar. Wanneer we de innerlijke alertheid zouden kunnen blijven bewaren tijdens het slapen, dan zouden we de oneindige vrijheid, die een essentieel kenmerk is van de slaap, gewaar worden. Meditatie kan voor de volle 100 % beschreven worden als precies dit. Meditatie is een techniek om innerlijk alert te blijven, ook als het lichaam-geest-ziel-systeem tot rust komt.

Dus door met deze waarheid te spelen zien we de glorieuze waarde van de slaap in. Het is immers niet niks dat we zo fris, uitgerust en opgeladen met nieuwe energie zijn, na een paar uur goed geslapen te hebben! Daar kan geen gewone meditatie tegen op! Zonder dat we het wisten is ons bewustzijn geabsorbeerd geweest in het kosmische bewustzijn, ofwel *Brahman*!

Dromen zijn ook wereldberoemd om hun wonderlijke aard. Afgezien van het feit dat 1of 2 % van de dromen een toekomst voorspellende kennis in zich bergen, is het zo dat droombeelden de uitdrukking zijn van heel subtiele stemmingen of intenties van onze geest. Dromen hebben vaak een wens vervullende functie, of ze geven gestalte aan een angst, die in ons woont. **In de Oepanishaden kwam ik een mooie definitie tegen van een droom: een mengeling van geziene en ongeziene dingen.**

Waarom raadt Patanjali ons aan deze bewustzijns toestanden grondig te onderzoeken? Omdat we dan geleidelijk aan gaan inzien dat er **in wezen geen verschil bestaat tussen de mechanismen die de ervaringen van de droom creëren en de mechanismen die de ervaringen van de waaktoestand creëren!** Ook de ervaringen van de waaktoestand blijken in laatste instantie de spontane manifestaties te zijn van heel subtiele tendenzen die in onze geest aanwezig zijn. Deze kunnen bewust, dan wel onbewust zijn. Door ons enige maanden of jaren bezig te houden met de ervaringen die we tijdens de droomtoestand opdoen, zullen we gaan inzien dat het onze eigen bewustzijnsinhouden zijn die de subtiele oorzaak vormen van onze droomervaringen. Tegen de tijd dat we inzicht hebben gekregen in dit subtiele bewustzijnsmechanisme, hebben we tegelijkertijd ontdekt dat het met onze ervaringen in de waaktoestand niet anders gesteld is! De ervaringen in de waaktoestand worden eveneens gecreëerd door bewustzijnsinhouden waarvan we bewust dan wel onbewust zijn. Ook de waaktoestand is een mengeling van geziene en ongeziene dingen.

Als we er diep in ons hart van overtuigd zijn dat het leven een strijd is, dan komen we vanzelf in situaties terecht waarin we ons gedwongen voelen een gevecht aan te gaan, zowel overdag als 's nachts, met andere woorden, zowel in de waaktoestand als in de droomtoestand! Als we denken en geloven dat het leven gelukzaligheid is, dan komen we vanzelf in situaties terecht waarin we ons gelukkig en vervuld voelen. Zowel overdag als 's nachts. 'De mens is de smid van zijn eigen geluk', is een bekende volkswijsheid. Overdag hebben we prettige levenservaringen en 's nachts hebben we *sweet dreams*. Onze innerlijke overtuigingen en levensinstellingen hebben dus een grotere invloed dan we soms aannemen! *'Man is the master of his own destiny'* – 'De mens is de meester van zijn eigen lot', lezen we ook wel eens.

Het beroemde adagium *'Mind over matter'* – 'Geest boven materie' drukt in wezen dezelfde wijsheid uit. Onthoud gewoon dat wat je ook maar meemaakt, of het nu tijdens het waken of tijdens het dromen is, het is een allemaal manifestatie van je diepste zielenroerselen. **De wereld is een kosmische spiegel van onze bewustzijnstoestand.** 'De wereld dat ben jij' placht Krishnamurti te zeggen. Rudolf Steiner zei: 'Wil je jezelf doorgronden, kijk naar alle kanten in de wereld. Wil je de wereld doorgronden, kijk in je eigen diepten.' Alleen al door aan dit idee vast te houden, of beter gezegd, door de waarheid van dit idee in te zien, zit je in een sneltrein naar eenheidsbewustzijn. Met andere woorden, door de werkelijkheid te bezien in het licht van deze kosmische waarheid, ben je in feite al een ware yogi! **Een krachtige affirmatie in dit verband vind ik de volgende: "Alles is goed en ik vind niets erg."** Persoonlijk vind ik dit een mooi middel om weer in de absolute waarheid over alles en iedereen terecht te komen ... om mijn bewustzijn te verruimen, en mezelf te bevrijden van allerlei vooroordelen en kritische houdingen.

Onbewuste beperkende overtuigingen liggen ter grondslag aan ervaring in de waaktoestand en doen ons voelen dat we niet genoeg hebben, niet goed genoeg zijn, et cetera. Om van dit soort innerlijke structurerende mechanismen bewust te worden kan ik je aanraden de boeken van Neale Donald Walsch te lezen. Zijn vijfde boek 'Eén met God', gaat in op deze onbewuste, maar alles bepalende innerlijke overtuigingen. Het inzicht dat de waaktoestand in wezen gehoorzaamt aan dezelfde wetmatigheden en mechanismen als de droomtoestand is een 'onmisbaar ingrediënt' in het totaalinzicht dat nu eenmaal bij een ontwaakte bewustzijnstoestand hoort. Wanneer je hier dagelijks over contempleert, dan zie je steeds meer de waarheid ervan in en dat zorgt voor de nodige standvastigheid en helderheid van geest. Hierop was deze soetra immers gericht. **Overigens is het zo dat dit bewustzijnsmechanisme altijd en overal van kracht blijft: ook als je je grofstoffelijk lichaam verlaten hebt.** Neem dit gegeven mee in je dagelijkse contemplatie. Je kunt ook een film gaan huren die hierover gaat: *'What dreams may come'*.

## 39. Helderheid van geest kan ook bereikt worden door elke gewenste vorm van meditatie.

Het is dus niet de *vorm* van meditatie die belangrijk is. **De intentie en de toewijding waarmee je haar beoefent is doorslaggevend voor je vooruitgang.** Deze soetra *'Yatha abhimata dhyanad va'* kan ook vertaald worden als: 'Of door te resoneren met wat je aangenaam vindt'. Met andere woorden: *'Follow your bliss!'* – 'Volg je geluk'. Of zoals Maharishi het eens zei: *'Make bliss the primary motivation for doing anything'* – 'Maak gelukzaligheid de primaire motivatie voor al je activiteiten.' **Inderdaad, als de expansie van geluk het doel is van de schepping, dan doen we er goed aan om ons op die kosmische tendens af te stemmen!** Als we tegen deze kosmische stroom in proberen te zwemmen, dan kan dat alleen maar uitlopen op instabiliteit en gebrek aan helderheid van geest – precies datgene wat nog steeds de boventoon voert in de wereld.

Het Sanskriet woord voor meditatie *'dhyana'* betekent letterlijk: proces van verfijning, proces van toenemende charme. Als het goed is wordt het leven met de dag meer genietbaar. Dat is het uiteindelijke criterium voor de groei van geestelijke gezondheid en geestelijke volwassenheid.

**40. De reikwijdte van een tot rust gekomen geest strekt zich uit van kleiner dan het kleinste, tot groter dan het grootste.**

Gedachten behoren tot de subtielste objecten van het universum. Wanneer deze tot rust zijn gekomen (zonder dat we in slaap zijn gevallen) worden we ons automatisch bewust van een onderliggend substraat of 'veld' waarvan ze een excitatie waren. Ons gewaarzijn duikt dan voorbij de Planck-schaal, en komt terecht in datgene dat kleiner is dan het kleinste: het Niets, het niet-iets, de Tao, de Shunya, de leegte, de pure abstractie, het pure Zijn. **Materieel gezien is het Zijn niets, maar spiritueel gezien is het alles.** Objectief gezien is het niets, subjectief gezien is het alles – het is ons eigen Zijn, dat zich bewust is van zichzelf. Daarom noemden onze wijze voorouders het: bewustzijn. Zodra we het Zijn eenmaal helder ervaren vereenzelvigen we ons daar automatisch mee. En als je dit niveau van zelfgewaarzijn kent, dan ben je bekend met de onderliggende realiteit van al wat bestaat. Dan begin je je overal thuis te voelen. Je voelt je overal geborgen. Je voelt je vertrouwd met alles en iedereen. Het is dat gebied waarvan de Oepanishaden zeggen: Ken datgene waardoor alles gekend wordt! Voel je thuis met datgene waardoor je je overal thuis voelt! Zodra je dat kent wordt de reikwijdte van je geest inderdaad kosmisch, d.w.z. alomvattend. Dan heb je ervaren dat datgene dat kleiner is dan het kleinste, tegelijkertijd groter is dan het grootste!

**41. Wanneer de geest nog maar weinig onwillekeurige fluctuaties heeft wordt zij als een transparant kristal. De kenner, het gekende en het proces van kennen worden dan verenigd. Deze toestand wordt *'samapatti'* genoemd ofwel 'mentale absorptie'.**

Hier beschrijft Patanjali de *kiem* van eenheidsbewustzijn. Samapatti betekent letterlijk 'samenvallen'. De geest is nu zodanig tot rust gekomen, samenvallend met bewustzijn als zodanig, dat haar *vritti's* (fluctuaties) niet langer een vertekend of verstoord beeld geven a) van onze zelfervaring, b) van ons proces van waarnemen, en c) van de objecten van waarneming. We zijn als een heldere, schone spiegel van de werkelijkheid geworden. In de doorsnee waaktoestand, waarin 99,9 % van de mensen overdag hun geluk proberen te vinden, is de geest een onrustige en dikwijls storende factor – of we daar nu van bewust zijn of niet. De geest in de gangbare waaktoestand zit vol met *'preconceived notions'* – 'vooraf gemaakte noties'. Zij zit vol met herinneringen en frustraties over het verleden en wordt geplaagd door zorgen voor de toekomst. Haar gezonde, natuurlijke, positieve, harmonische, vreugdevolle en zelfrefererende functioneren wordt vaak aangetast door minderwaardigheidscomplexen, meerderwaardigheidscomplexen, onwetendheid, twijfels, angsten, bedroefdheid, boosheid, beperkende overtuigingen, onzekerheden, vooroordelen, verdedigingsmechanismen, machtsspelletjes, hebzucht, overlevingsstrategieën, behaagzucht, perfectionisme, vermoeidheid, verwarring, wanhoop, gehechtheden, aversies, rancune, onverwerkte traumatische ervaringen ... en eh ... wel, dat is het wel zo'n beetje.

Het is duidelijk dat al deze geestelijke aandoeningen a) een helder en accuraat *zelfbeeld* in de weg staan, m.a.w. ze overschaduwen de natuurlijke en ontspannen toestand van onbegrensd zelfbewustzijn, b) ze staan een heldere en accurate waarneming van *objecten* in de weg – waarbij we spontaan zouden inzien dat elk object in wezen een uitdrukking is van datzelfde onbegrensde bewustzijn en c) ze staan een helder en accuraat *proces van waarneming* in de weg. Deze verstoring in het proces van waarneming is ervoor verantwoordelijk dat we de werkelijkheid niet zien zoals die *is*.

**Het is goed te beseffen dat de hele werkelijkheid opgebouwd is uit slechts drie categorieën:** 1) het subject, de waarnemer 2) het object, het waargenomene 3) het proces van waarnemen. Ofwel kenner, gekende en proces van kennen. **Ofwel ziener, geziene en proces van zien.** Intellectueel is het heel gemakkelijk in te zien dat alle drie zaken in wezen bestaan uit bewustzijn: 1) is het bewustzijn in zijn zuivere vorm, 2) is een manifestatie van bewustzijn en 3) is een creatief proces dat zich voordoet *in* bewustzijn.

Wat heeft de geest of de *'mind'* hiermee te maken? De *'mind'* is het orgaan van Creatieve Intelligentie waarmee het bewustzijn zich kan uitdrukken in de fysieke werkelijkheid en waardoor het bewustzijn in contact kan komen met elk gewenst object. De geest of mind (Sanskriet: *manas*) valt dus in de derde categorie: het *proces* van waarnemen. De geest is datgene wat subject en object met elkaar verbindt. Het is immers de geest die ons bewustzijn verbindt met ons lichaam. **Geest is de 'interface' tussen het absolute en het relatieve.** De geest is een soort tweebaansweg, een brug met tweerichtingsverkeer, die het absolute Zelf verbindt met het sterfelijke lichaam.

Maar zoals we boven gezien hebben kan zich hier heel wat 'junk' verzamelen. Aangezien onze opvoeders (ouders, leraren, priesters, professoren, politici) nooit is verteld hoe ze hun geest kunnen zuiveren van ongewenste ballast, konden ze dat ons ook niet aanleren. Niettemin is dát het cruciale punt in het leven. Al waar het om draait in de filosofie én praktijk van yoga is: de zuivering van onze geest. Meer is niet nodig. Dat wat voor verbetering vatbaar is, is niet onze essentie. Onze essentie is en blijft altijd perfect. **'Problemen' bevinden zich per definitie alleen in de geest.** En als gevolg daarvan ontstaan ze ook op het niveau van ons lichaam en ten slotte ook in onze omgeving. Dus willen we de problemen in ons leven oplossen, dan moeten we primair werken aan onze geestelijke conditie en aan onze geestelijke capaciteit. Yoga is dan ook voornamelijk hiervoor ontworpen zoals we in de rest van de Yoga Soetra zullen zien. Door de geest te zuiveren wordt zij helder en standvastig, en staat zij niet langer in de weg tot de simpele realisatie van wie of wat we zijn.

De volgende vier soetra's beschrijven het proces van geleidelijke zuivering van de geest waardoor ons bewustzijn zich steeds meer bewust wordt van zichzelf en daardoor in staat wordt gesteld om de ware aard van elk object te schouwen.

**42. Savitarka samapatti: We kunnen spreken van *'savitarka samapatti'* indien we geabsorbeerd worden door een zintuiglijke waarneming. Inherent aan deze toestand van samapatti (een an-**

dere naam voor samadhi) is dat we geen helder onderscheid maken tussen a) de naam van een object, b) het object zelf en c) de betekenis die het object of de naam oproept in onze geest.

Een vrij alledaagse vorm van deze *samapatti* is bijvoorbeeld het zien van een film die ons boeit. We raken in de ban van het object van waarneming en we vergeten even de rest van de wereld. Of neem het voorbeeld van het luisteren naar je favoriete muziek. Ook het opgaan in een bepaalde vorm van geconcentreerde activiteit, bijvoorbeeld: autorijden, jezelf verbaal juist en nauwkeurig uitdrukken, het schrijven van een brief of het schrijven van een boek, zoals ik nu aan het doen ben en hopelijk, het lezen van een boek, zoals jij nu aan het doen bent.

**Elke vorm van absorptie van de geest is helend.** Waarom is dat zo? Omdat de geest in elke vorm van absorptie een bepaald niveau van helderheid, stabiliteit, gelukzaligheid en vervulling ervaart. Laatstgenoemde kwaliteiten zijn uiteindelijk eigenschappen van ons ware Zelf. Elke keer als we iets van dit soort kwaliteiten ervaren wil dat zeggen dat onze geest afgestemd is op ons ware Zelf. Het individuele bewustzijn en het (universele) Zelf worden op zo'n moment min of meer met elkaar verenigd. Door veel van dit soort ervaringen te hebben worden we een geïntegreerde persoonlijkheid. Absorptie wil immers zeggen dat we ergens door gebiologeerd zijn, ergens enthousiast over zijn of ergens door geïnspireerd zijn. Dit zijn tekenen van bezieling, van integratie, van inspiratie, ofwel van gezondheid van ziel, geest en lichaam, die in contact staan met ons ware Zelf.

**43. Nirvitarka samapatti: We kunnen spreken van '*nirvitarka samapatti*' wanneer onze herinnering gezuiverd is en de geest helder en standvastig genoeg is geworden om zich te vereenzelvigen met het object van onze aandacht.**

In de vorige vorm van absorptie was de geest nog druk in de weer met het maken van allerlei associaties, interpretaties, verwachtingen, hoop en vrees, aantrekking en afstoting, et cetera. Wanneer echter de geest rustig wordt en niet langer bezig is het waargenomene een plaatsje te geven in eerdere, soortgelijke ervaringen, dan raken we *geheel* geabsorbeerd in het object van onze aandacht.

Als voorbeeld van deze vorm absorptie kunnen we denken aan bepaalde piekervaringen. Het getroffen worden door een adembenemende zonsondergang, het jezelf vergeten in een liefdevolle omhelzing, het jezelf concentreren op het bereiken van een korte termijn doel, et cetera.

In deze geconcentreerde toestand kan de geest een duidelijk onderscheid maken tussen de naam van een object en het object zelf. Men zal zeggen: 'Het doet er niet toe hoe je het noemt: Zon, Sun, Sonne of Soleil, het was een adembenemende ervaring'. **Het mooie van dit geabsorbeerd zijn is bovendien dat we zó zeer opgaan in het hier en nu dat de geest eindelijk ophoudt commentaar te leveren op het waargenomene.** Op zo'n moment zijn we dus vrij van eerder gevormde conditioneringen die doorgaans onze waarneming vertekenen. Patanjali noemt dit achterwege blijven van vertekeningen de 'zuivering van het geheugen'. Hierdoor wordt het mogelijk om in het hier en nu helder wakker te zijn en in direct contact te staan met het object van waarneming. De geest wordt als een transparant kristal dat het object van waarneming niet langer kleurt en vervormt, maar de kwaliteiten van het object natuurgetrouw in zich opneemt.

**44. Savichara en nirvichara samapatti: Wanneer de bovengenoemde vormen van absorptie optreden, maar nu met betrekking tot *subtiele* objecten van waarneming, dan spreken we van *savichara* en *nirvichara samapatti*.**

Wanneer de geest zich kan focussen op geestelijke waarnemingen en daar even gefascineerd en gebiologeerd door kan raken als door zintuiglijke objecten, dan is dat een teken dat de geestelijke activiteit zich heeft verfijnd. We zijn in staat warm te lopen voor abstracte werkelijkheden, ideeën en waarheden. Ons bewustzijn is dan in staat abstracte waarden te appreciëren. Enthousiasme voor een bepaalde filosofie of een levensinstelling zijn een goed voorbeeld van deze verfijnde absorptie. **Men zegt wel eens dat er drie soorten mensen bestaan: Mensen die over andere mensen spreken, mensen die over situaties spreken en mensen die over ideeën spreken.** Tot die laatste categorie horen jij en ik blijkbaar, anders hadden we geen vreugde aan de bespreking van dingen als *savichara samapatti*! *Savichara* staat voor het diepgaande overwegen, diep nadenken, geestelijke activiteit op een subtiel niveau, gedachten op zielsniveau, het je bezighouden met de eeuwige levensvragen, zelfonderzoek, zelfbevraging, zelf-contemplatie, het onderzoeken van je ware motieven. Als zodanig is *savichara* op zichzelf al een spirituele oefening, welke als voorbereiding op de eenwording met je Zelf kan dienen. In de diepste vorm van samadhi vallen ook deze subtiele overwegingen stil en worden we opgenomen in het Zelf. Dat kan dan *nirvichara samapatti* genoemd worden.

Ook de beoefening van de objectieve wetenschap vergt een abstract invoelingsvermogen van de wetenschapper. Heb je er wel eens bij stilgestaan dat de zwaartekracht niet met zintuigen waarneembaar is? Het is zuiver een concept in onze geest, in ons bewustzijn, zo je wilt. Als we een appel van de boom zien vallen, zien we dan de zwaartekracht? Nee dus. Maar Newton had haar toch gezien? Nee, zelfs Newton kon de zwaartekracht niet zien! Hij kon alleen de *effecten* waarnemen die de zwaartekracht op de appel heeft. En van daaruit kon hij afleiden, door middel van een logische redenering, dat er zo iets moest bestaan als zwaartekracht. Dat de zwaartekracht niet met zintuigen waarneembaar is maakt haar daarom nog niet minder werkelijk!

Hetzelfde geldt trouwens voor liefde, schoonheid, waarheid, goedheid, bewustzijn, intelligentie, God, eerlijkheid, deugd et cetera. Al deze woorden verwijzen naar werkelijk bestaande kwaliteiten en realiteiten, hoewel geen van hen door zintuigen waarneembaar is. Alleen het *effect* van zwaartekracht kan worden waargenomen. Alleen het *effect* van liefde kan worden waargenomen. Alleen het *effect* van bewustzijn, intelligentie, gewaarzijn kan met de zintuigen waargenomen worden. **Alleen een *concrete uitdrukking* van de waarheid kan met** de zintuigen worden waargenomen. Alleen een *concrete uitdrukking* van schoonheid, goedheid, eerlijkheid, et cetera, kan met de zintuigen worden waargenomen.

Om de genoemde realiteiten waar te nemen is een 'bovenzintuiglijke waarneming' nodig. Soms noemt men dit ESP: 'extra sensory perception'. In de volksmond heet dit gewoon wijsheid. Met het oog der wijsheid kunnen we een realiteit waarnemen die ten grondslag ligt aan de hele zintuiglijke, materiële, waarneembare wereld. Plato noemde dit niveau van de werkelijkheid de 'wereld der ideeën'**Fout! Bladwijzer niet gedefinieerd.. Hij maakte er zelfs een punt van te betogen dat die wereld méér werkelijk is dan de wereld der verschijnselen. En daar had hij gelijk in.** Het is gemakkelijk om in te zien dat liefde meer werkelijk is dan een liefdevol mens. Zelf als de liefdevolle mens komt te overlijden blijft liefde voortbestaan en blijft zij tot in eeuwigheid mensen inspireren tot een liefdevol gedrag. De wereld der ideeën is dan ook absoluut en eeuwig, zoals Plato betoogde. Net zoals we ons begrip van wat bewustzijn eigenlijk is grondig moeten herzien, zo dienen we ook ons begrip van wat ideeën eigenlijk zijn aan een grondig onderzoek te onderwerpen. Hiertoe komt de vedische wetenschap ons te hulp. En als geïntegreerd onderdeel van deze duizenden jaren oude wetenschap komt de Yoga Soetra van Patanjali ons hierbij te hulp. Lees (leef) gewoon verder, lieve lezer en alles zal volkomen duidelijk worden.

Het onderscheid tussen *'savichara'* en *'nirvichara'* is gelegen in het wel of niet aanwezig zijn van subtiele geestelijke activiteiten terwijl we geabsorbeerd zijn in een subtiel object van waarneming, dan wel in ons ware Zelf.

Patanjali geeft hiermee namen aan geestelijke processen en toestanden van bewustzijn die vrij algemeen voorkomen onder de mensen. Dit benoemen en categoriseren van de menselijke geestestoestanden is zeer verdienstelijk, want met deze aangereikte distincties kunnen we wellicht wat helderder reflecteren over onze eigen geestelijke activiteit. **Dit is per slot van rekening alles wat de beoefening van yoga ons aanraadt: observeer en onderzoek je eigen gedachte-**

**inhouden.** Check het spontane functioneren van je geest en als je dingen tegen komt die niet stroken met de waarheid of die schade berokkenen aan jezelf (je eigen ziel-geest-lichaam-systeem) en aan (dat van) anderen, verwijder die dan uit je systeem. Herprogrammeer zo dagelijks je biocomputer. Maharishi zei het eens heel treffend: 'De menselijk hersenen zijn de hardware van een kosmische computer die door juiste programmering alles kan bereiken.' **Je zou de hele Yoga Soetra van Patanjali kunnen zien als de 'gebruiksaanwijzing' voor je ingebouwde kosmische computer. De *'user manual'* van je brein.**

**45. De reikwijdte van de *samadhi* die zich bezig houdt met subtiele objecten omvat de hele schepping en culmineert in het onmanifeste.**

De termen *samapatti* en *samadhi* kunnen door elkaar gebruikt worden, ze verwijzen naar dezelfde geestestoestanden. De beoefening van yoga omvat veel mentale oefeningen, trainingen, zo je wilt, om steeds abstractere niveaus van de werkelijkheid te onderscheiden. Dit gaat dus niet met de zintuigen, maar met het innerlijke oog van wijsheid. Om subtiele waarheden, principes, natuurwetten et cetera te ontwaren achter de zichtbare (natuur)verschijnselen, moet onze geest in staat zijn steeds subtieler, steeds verfijnder, steeds inzichtelijker te functioneren. Verfijnde geestelijke activiteit wordt gestuurd door een verfijnd intellect, een verfijnd onderscheidingsvermogen. Zo komen we terecht in het gebied van intuïtie. Intuïtie is welbeschouwd niets anders dan het functioneren van een verfijnd intellect. Eigenlijk heeft dat niveau van waarnemen alles met het hart te maken ... De kleine Prins had gelijk toen hij zei: **"Het wezenlijke is onzichtbaar voor de ogen, alleen met het hart kunnen we het wezenlijke waarnemen."**

Wanneer het fijnste object van waarneming, bijvoorbeeld een idee, een gedachte of een mantra in onze geest wordt getranscendeerd, dan wordt ons bewustzijn bewust van zichzelf *in zijn zuivere vorm*. Deze transcendentale ervaring, zegt men, vindt inderdaad in ons hart plaats! Bewustzijn als zodanig is kleiner en subtieler dan het meest subtiele object en als zodanig wordt wel eens beweerd dat we het daarom niet kunnen ervaren. Emanuel Kant**Fout! Bladwijzer niet gedefinieerd.** staat er wereldwijd om bekend dat hij dit standpunt innam. Natuurlijk heeft hij gelijk als je *ervaren* definieert als een zintuiglijk of mentaal (*savitarka***Fout! Bladwijzer niet gedefinieerd.** respectievelijk *savichara*) gebeuren. **Het grappige is echter – iets waaraan Kant blijkbaar niet gedacht heeft – dat het niet de zintuigen zijn die waarnemen.** Noch is het onze geest die denkt of ons intellect dat beslist en onderscheid maakt. Het zien, het ervaren, het denken en het onderscheid maken zijn in feite functies van bewustzijn als zodanig! Oren staan altijd wijd open, maar als de geest geabsorbeerd is in de ervaring van het niets (slaap) dan horen onze oren niets. Ogen kunnen ook wijd open staan, maar als ons bewustzijn in beslag wordt genomen door gedachten of gevoelens, dan zien onze ogen maar weinig. **Pas wanneer bewustzijn zich ergens op richt,** *dat wil zeggen als wij ons ergens op richten,* **dán nemen we iets waar!**

Materialistische wetenschappers schijnen nog steeds te denken dat de hersenen iets kunnen waarnemen en bewust kunnen zijn. Dit is natuurlijk absoluut onmogelijk. Materie neemt niets waar en is zich ook niet bewust, hetgeen elk weldenkend mens voor zichzelf kan nagaan. **Alleen bewustzijn is zich bewust van iets, is gewaarzijn als zodanig, en daarom kan alleen bewustzijn waarnemingen verrichten! Hoe gaat dat in zijn werk?**

- Bewustzijn ziet door middel van de ogen.
- Bewustzijn hoort door middel van de oren.
- Bewustzijn voelt door middel van de huid.
- Bewustzijn proeft door middel van de tong.
- Bewustzijn ruikt door middel van de neus.
- Bewustzijn denkt door middel van de geest.
- Bewustzijn onderscheidt door middel van het intellect.
- Bewustzijn denkt iemand te zijn door middel van het ego.
- Bewustzijn beweegt zich op aarde door middel van het lichaam.
- Bewustzijn kent zichzelf ... door zichzelf.

Zonder bewustzijn zouden we ons niet bewust kunnen zijn van wat dan ook. Bewustzijn kan gedefinieerd worden als datgene dat zich bewust is. Punt. **In het hele heelal is er maar één 'iets' dat zich bewust is. We noemen dat Bewustzijn.** Bewustzijn is zich niet alleen bewust van zichzelf, het is zich ook bewust van alles om zich heen, zou je kunnen zeggen. **In de vedische filosofie wordt bewustzijn graag vergeleken met een lamp in de deuropening.** Zij schijnt zowel naar binnen als naar buiten. Het grappige is verder dat bewustzijn zich *altijd* bewust is van zichzelf. Alleen het ziel-geest-lichaamsysteem, het orgaan waardoor bewustzijn indrukken kan opdoen en waardoor het zich kan uitdrukken in de relatieve werkelijkheid, kan bepaalde beperkingen in zich hebben. Wanneer het menselijke lichaam bijvoorbeeld nog geen 18 of 20 jaar oud is, is het nog niet volgroeid en daardoor wordt de ervaring van de werkelijkheid per definitie begrensd. Geestelijke volwassenheid kan zich pas manifesteren wanneer we lichamelijk volwassen zijn. Of wanneer de oneindig complexe biocomputer in ons hoofd volgestopt is met allerlei gebrekkige en zelfvernietigende software, dan wordt het moeilijk voor het alomtegenwoordige bewustzijn om zichzelf bewust te zijn *in* die betreffende persoon.

De hele filosofie én praktijk van yoga kan en moet gezien worden in deze context: **Bewustzijn *zelf* hoeft niet verfijnd, ontwikkeld of verheerlijkt te worden. Het Zelf van alle wezens is al absoluut, eeuwig en volmaakt.** Het Zelf van iedereen zal altijd absoluut gelukzaligheid bewustzijn zijn, zelfs indien er geen mens op deze planeet zou zijn die deze (abstracte) waarheid kan inzien. **Het Zelf kan nooit verstoken zijn van zijn eigen aard, maar een persoon die onwetend is over zijn ware aard kan geloven dat hij iets anders is als absoluut gelukzaligheid bewustzijn!** En het is precies dit foutieve geloof, dit waanidee, dat ten grondslag ligt aan de alledaagse waaktoestand van bewustzijn. Wanneer we echter de gedachte-inhouden van de waaktoestand aan een onderzoek onderwerpen (lees: wanneer we yoga gaan beoefenen) dan bemerken we al gauw dat de premissen van de waaktoestand, de axioma's, de uitgangspunten, de leerstellingen over het zelf, over bewustzijn, over dat wat God wordt genoemd, over de wereld, over leven en dood, et cetera, volkomen de plank misslaan.

**De mens is niet ontworpen om zijn hele leven door te brengen in enkel de drie veranderlijke toestanden van bewustzijn – slapen, dromen en waken.** Alleen de onderste drie van zijn zeven chakra's zijn dan geactiveerd. De eerste chakra hangt samen met ons vermogen te overleven, geaard te zijn en ons veilig te weten in het materiële bestaan op aarde (stuitchakra). De tweede chakra hangt samen met ons vermogen om te genieten en ons voort te planten als fysieke organismen (seks-chakra). De derde chakra hangt samen met onze persoonlijke kracht en het ik-besef waarmee we onszelf proberen waar te maken te midden van mededingers (navelchakra). Deze drie vermogens zijn tot op zekere hoogte verlevendigd in de gemiddelde mens en vormen de drie voornaamste factoren die vorm geven aan het wereldgebeuren tot op de dag van heden.

Maar deze drie bewustzijnscentra zijn ook levendig in elk willekeurig dier. Ook een dier kan zich veilig voelen, genieten en zich verdedigen. Het menselijk potentieel reikt echter verder dan deze drie basisvaardigheden. Wij mensen zijn ontworpen om op basis van deze drie basisvermogens een aantal meer subtiele vermogens te ontwikkelen. Pas dan komen we toe aan typisch menselijke kwaliteiten. Zo zijn we bijvoorbeeld ontworpen om ons bewust te zijn van ons ware Zelf dat eeuwig en onsterfelijk is. **Een waar mens te zijn betekent verder dat we overstromen van liefde en we ons kunnen inleven in al wat bestaat.** Op lichamelijk niveau betekent dit dat dan de vierde chakra verlevendigd is (hartchakra). Op het niveau van ons hart kunnen we de essentie van onszelf en van alle andere levende wezens ervaren! Nadat we eenmaal bewust zijn geworden van onze ware aard en essentie gaat de natuurlijke evolutie verder: Dan kunnen we leren om ons ware zelf uit te drukken en ons zelf te zijn in alle omstandigheden. Op lichamelijk niveau betekent dit dat de vijfde chakra verlevendigd is (keelchakra). Verder zijn we ontworpen om inzicht te hebben in het kosmische plan en in de mechanismen van de schepping. Op lichamelijk vlak betekent dit dat de zesde chakra verlevendigd is (voorhoofdchakra). Maar ook daar stopt de natuurlijke evolutie niet. We zijn voorts ontworpen om de eenheid waar te nemen in alle verscheidenheid en ons één te weten met al wat bestaat. Op lichamelijk niveau betekent dit dat de zevende chakra verlevendigd is (kruinchakra).

**We zijn ontworpen om ons bewust te worden van ons eigen bewustzijn en in te zien dat dat het kosmische bewustzijn is – dat de bron van de hele schepping is!** Godzijdank is de kennis beschikbaar waarmee we de subtielere vermogens van ons ervaringsapparaat kunnen gaan ontwikkelen en verfijnen. Godzijdank bestaat er adequate kennis over wat bewustzijn in werkelijkheid is en bestaat er adequate kennis over hoe we volledig gebruik kunnen gaan maken van onze kosmische biocomputer. Alleen al de yoga literatuur – een van de 27 takken van vedische wijsheid – voorziet in deze kosmische gebruiksaanwijzing voor het menselijke ziel-geest-lichaam-systeem.

**46. De vier genoemde vormen van absorptie zijn geassocieerd met de ervaring en waarneming van subtiele objecten – zij worden daarom *samadhi* 'met kiem' genoemd.**

Samadhi betekent letterlijk 'holistisch intellect', of 'evenwichtig intellect', of ook 'tot rust gekomen bewustzijn'. Samapatti betekent letterlijk 'samenvallen'. Dit is een uiterst wezenlijk begrip. De hele bedoeling van de yoga filosofie en praktijk wordt erdoor samengevat! De hele bedoeling van yoga is het dat het ego samenvalt met het Zelf. Het ego wordt verenigd met het Zelf. Daarmee is alles gezegd. De vier besproken vormen van *samadhi* of *samapatti* belichten elk een aspect van de tot rust gekomen, standvastige, eenpuntig gerichte, geconcentreerde toestand van geest en intellect. **Om de vier *samapatti's* (*samadhi's*) even op een rij te zetten: 1. Savitarka, 2. Savichara, 3. Nirvitarka, 4. Nirvichara.** Zij staan respectievelijk voor: 1. Absorptie in een grofstoffelijk object van waarneming. 2. Absorptie in een fijnstoffelijk object (gedachten e.d.) van waarneming. 3. Absorptie zonder een grofstoffelijk object van waarneming. 4. Absorptie zonder een fijnstoffelijk object van waarneming, maar die toch nog net niet absoluut is. Al deze vier *samadhis* kenmerken zich nog door het aanwezig zijn van gedachten, overwegingen, twijfels, vragen, onbeslotenheid, aarzeling, onduidelijkheid et cetera. Daarom worden ze samadhi met kiem genoemd. Elke gedachte kan de kiem worden voor een serie andere gedachten.

Ik weet, deze veelvoud aan samadhi's en samapatti's maakt een gecompliceerde indruk, maar in wezen gaat het om vier logisch op elkaar volgende stadia van verfijning van geestelijke activiteit. **De hierboven genoemde samadhi's hebben alle betrekking op de ervaring van enig niveau of aspect van *Prakriti*, de relatieve, altijd veranderende werkelijkheid die gevormd wordt door de drie guna's.** Ze hebben geen rechtstreekse betrekking op de ervaring van de ervaarder zelf.

Zij hebben geen rechtstreeks verband met *Purusha,* de pure subjectiviteit van de onderzoekende mens zelf. **Je zou kunnen zeggen dat de vier genoemde *samadhis* niet helemaal zelfrefererend zijn.** Als je eenmaal aan het rare woord 'zelfrefererend' gewend bent dan zie je in dat het een heel belangrijke en inzichtelijke term is, nietwaar? Ik heb hem geleerd van Maharishi Mahesh Yogi, bij wie ik 17 jaar in de leer ben geweest, en die mij (samen met een paar honderd medestudenten) gedurende al deze jaren de diepe betekenis van de Yoga Soetra's heeft opgehelderd. De niet-zelfrefererende *samadhi's* vertegenwoordigen een niveau van functioneren waardoor we dichter bij de zelfrefererende toestanden van bewustzijn komen en waardoor we de diepere niveaus van *samadhi*, de *'nirbija'* of 'kiemloze' *samadhi*, kunnen gaan begrijpen en aanvoelen.

De in soetra 17 en 18 genoemde tweedeling in *samprajnata* en *asamprajnata* staat ook bekend onder de termen *savikalpa* en *nirvikalpa*. Beide begrippenparen staan respectievelijk voor: mét geestelijke activiteit en zonder geestelijke activiteit, ofwel met kiem of zonder kiem. In *savikalpa* is er nog sprake van gedachtenactiviteit; – zoals in de bovengenoemde vier samadhi's – de beoefenaar bevindt zich nog in de dualiteit tussen zijn ego en zijn Zelf. In *Nirvikalpa* houdt deze schijnbare verdeeldheid op te bestaan en het ego wordt één met het Zelf. ***Nirvikalpa samadhi* staat dus voor de hoogste realisatie, waarin kenner, gekende en het proces van kennen één zijn ge-**

**worden.** De *Jiva* heeft zijn *Brahman*-natuur gerealiseerd: De individuele ziel heeft zijn kosmische aard gerealiseerd. Het individuele bewustzijn is geëxpandeerd tot een alomvattend niveau van bestaan. Het individu weet zich één met het heelal. Het Individu weet diep van binnen: 'Ik Ben Alles'

**47. Wanneer *nirvichara samadhi* volledig helder ervaren wordt, dan worden we bewust van de absolute aard van ons Zelf.**

Wanneer deze *samadhi* zeer subtiel wordt dan krijgen we op een gegeven moment de ervaring dat we ons intellect transcenderen. **Terwijl er dan nog sprake kan zijn van geestelijke en intellectuele activiteit ontwaren we de onbegrensdheid die eigen is aan de aard van het Zelf.** Het is net als bij een laagje bewolking dat dun genoeg is om het briljante licht en de warmte van de Zon door te laten. Ons bewustzijn wordt zich dan bewust van zichzelf. Op zo'n moment associeert het zich niet meer met vergankelijke verschijnselen. Dan wordt deze *samadhi* tot *nirvikalpa samadhi*.

Eén principe aangaande de aard en werking van bewustzijn moet goed begrepen worden. **Bewustzijn heeft de eigenschap zich te identificeren met wát het ook maar ervaart.** Ervaart het alleen het lichaam, dan ziet en denkt het, dat het het lichaam is. Ervaart het de denkende geest, dan denkt en voelt het dat het de denkende geest is. Ervaart het het overwegende intellect, dan besluit het dat het het overwegende intellect is. Ervaart het het ik-besef van het ego, dan verheugt het zich erin een doener te zijn, het ervaart zichzelf als verrichter van activiteiten (ego = *Ahamkara*, letterlijk: 'ik als doener'). Ervaart het de vrede en gelukzaligheid van het oneindige, eeuwige, onsterfelijke en universele bewustzijn, dan weet het dat het het eeuwige, gelukzalige, onsterfelijke en universele bewustzijn is.

Laatstgenoemde zelfervaring is de natuurlijk de *uiteindelijke* en *eeuwige* waarheid over onszelf, de eerder genoemde relatieve ervaringen zijn de tijdelijke en relatieve waarheden over onszelf. Daar we uiteindelijk *alles* zijn, zijn we ook ons ziel-geest-lichaam-systeem, ook al is dit niet van eeuwige aard. **De mate echter van geestelijke absorptie die we in ons ziel-geest-lichaam-systeem kunnen ervaren is dan ook niet zo diep en niet zo compleet als de geestelijke absorptie die we ervaren wanneer we bewust worden van ons *ware Zelf!*** Ons ziel-geest-lichaam-systeem is in zekere zin te classificeren als ons *onware zelf*!

**Niets is zo fascinerend en vervullend in ons leven dan bewust te worden van ons ware Zelf!** Ons ware Zelf is daadwerkelijk kosmisch. Wanneer zelfbewustzijn meermaals ervaren wordt, dan verdiept en ontwikkelt het zich naar een permanente toestand van Zelfbewustzijn. Dan worden we steeds meer bewust van onze kosmische aard ... **We zijn nu eenmaal kosmische wezens en dat wil zeggen dat we tegelijkertijd relatief én absoluut zijn. We zijn tegelijkertijd persoonlijk én onpersoonlijk. We zijn tegelijkertijd sterfelijk én onsterfelijk. We zijn tegelijkertijd complex én eenvoudig. We zijn tegelijkertijd menselijk én goddelijk. We zijn tegelijkertijd dynamische activiteit én levendige stilte. We zijn tegelijkertijd objectief én subjectief.** Een mooi inzicht, nietwaar?

Uit het een en ander moge blijken dat de bovengenoemde indeling in de vier soorten *samadhi* of *samapatti* heel rekbaar en flexibel is. Deze soetra maakt klaar dat er in *nirvichara samadhi* ook nog een heel scala aan niveaus te onderscheiden is. **Wanneer *nirvichara samadhi* alsmaar diepgaandere gedachten en alsmaar subtielere niveaus van de schepping tot onderwerp heeft, vloeit zij vanzelf over in een vorm van 'kiemloze', d.w.z. objectloze *samadhi*.** In de meest verfijnde vorm van *nirvichara samadhi* krijgt de kenner inzicht in zijn ware Zelf. Hoewel elke vorm en elk niveau van *samadhi* helend is voor de persoonlijkheid, is de objectloze samadhi het meest zaligmakend. **Alleen de objectloze samadhi – ook wel *nirvikalpa samadhi* genoemd – is zelfrefererend en daarom schenkt alleen zij de ware bevrijding die eigen is aan zelfrealisatie.** Het is dan ook niet voor niets dat de wijze Socrates zich maar één doel voor ogen stelde – zelfkennis. Overal waar hij met de mensen sprak trachtte hij hen te helpen tot waarachtige zelfkennis te komen. Hij verwees graag naar de spreuk die al eeuwen gebeiteld stond boven de ingang van de tempel van Delphi: *'Gnoti se auton'* – 'Ken uw Atma'

Net zoals een gebrek aan zelfkennis een oneindig aantal *nadelen* met zich meebrengt zoals frustraties, zorgen, angsten, problemen, ziekten, misdaad, conflicten en oorlogen, zo wordt de mens gezegend met een oneindig aantal *voordelen*, zodra hij adequate en ware zelfkennis opdoet. Hierover gaan de resterende soetra's van dit eerste hoofdstuk.

**48. Dan schouwt het bewustzijn enkel de waarheid.**

**Wanneer samadhi of mentale absorptie een zelfrefererend niveau heeft bereikt, dan is ons bewustzijn niet langer onderhevig aan een gebrekkig, partieel en relatief zelfbeeld.** Ons bewustzijn begint dan te beseffen dan dat het niet beperkt wordt door tijd en ruimte. Het kan nu eindelijk inzien wat Jezus bedoelde toen hij zei: 'Ik ben de weg, de waarheid en het leven'. Eenieder die de uiteindelijke waarheid over zichzelf schouwt, weet dat hij de waarheid *is*. Hij of zij weet dat hij of zij het creatieve proces dat naar de waarheid leidt, ofwel de 'weg' zelf *is*. Hij of zij weet dan dat hij of zij één is met het leven zelf. Men beseft dan dat men in wezen niets anders dan bewustzijn is ... eeuwig, onbegrensd, vredig en gelukzalig! Om nog even bij Jezus' terminologie te blijven: Men heeft 'het Koninkrijk der Hemelen' in zichzelf ontdekt, en men weet dat 'al het andere' spontaan zal worden 'toegeworpen'.

Deze soetra spreekt van een zelfrefererende toestand van bewustzijn die diep doordrongen is van de uiteindelijke waarheid, ofwel de uiteindelijke werkelijkheid. **Patanjali noemt deze toestand hier *'ritam bhara pragya'*.** Jezus is misschien wel het mooiste voorbeeld van iemand in het Westen – nou ja, in het Midden-Oosten – die dagelijks demonstreerde in *'ritam bhara pragya'* gevestigd te zijn. Eerstens blijkt dat uit zijn adequate zelfbeeld: 'God de Vader en ik zijn één', en vervolgens blijkt dat uit zijn opmerkelijke supernormale vermogens. Van oudsher wordt de toestand van *ritam bhara pragya* – letterlijk: 'bewustzijn dat de waarheid in zich draagt' – gezien als de basis voor het vermogen om alle verlangens die men heeft spontaan en moeiteloos te vervullen.

Kunnen we dit wetenschappelijk verklaren? In het licht van wat we tot nu toe besproken hebben is dit heel gemakkelijk te verklaren. Wanneer het zelfbewustzijn volkomen is geworden, is men volledig in harmonie met alle wetten van de natuur. Men is immers bewust één geworden met het tehuis van alle wetten van de natuur! Alle gedachten en verlangens die dan opkomen zijn dan automatisch en per definitie in overeenstemming met het kosmische plan. Meer poëtisch gezegd: Ze zijn in overeenstemming met de wil van God. Daarom krijgen ze dan ook de volle steun van alle wetten van de natuur. Meer poëtisch uitgedrukt zouden we kunnen zeggen dat ze de steun krijgen van de almachtige God. En zoals je weet, met God is niets onmogelijk. God, ofwel komisch Bewust Zijn, is immers het tehuis van alle wetten van de natuur.

Zoals we eerder zagen in de analyse van de 'OM' klank, moet de 'O' (het onmanifeste) wel álle kennis en álle organiserend vermogen inherent in zich hebben om de 'M' (de materiële schepping) voort te kunnen brengen. De 'O' staat voor het absolute, het verenigde veld van alle wetten van de natuur. De 'O' staat symbool voor de oneindige, zelfrefererende aard van ons eigen bewustzijn. **Het verenigd veld van alle wetten van de natuur is daarom niets anders dan (ons eigen) bewustzijn.** Wanneer we ons hebben leren identificeren met het verenigde veld van alle wetten van de natuur, dan zijn al onze gedachten, wensen en intenties de rechtstreekse uitdrukking van kosmische gedachten, wensen en intenties. **Het kosmische bewustzijn drukt zich weerstandsloos uit in ons individuele bewustzijn.** De kosmische geest drukt zich weerstandsloos uit in onze individuele geest. Kortom: Gods wil is onze wil, en onze wil is Gods wil, om het weer eens poëtisch uit te drukken.

We zijn dan ontwaakt tot ons volledige ingeboren potentieel. **We zijn volledig mens geworden.** Onze hersenen werken als een coherent geheel. Onze biocomputer is nu volledig ingeplugd in de kosmische computer en in de praktijk van alledag ervaren we dat het 'goed' met ons gaat. **We ervaren dat alles naar wens verloopt. We zijn geluk-**

**kig, vredig en vervuld in alle omstandigheden.** En op deze stabiele basis komt onze creativiteit tot bloei. We lopen over van liefde en wijsheid. Onze ziel-geest-lichaam-systeem werkt naar behoren, met andere woorden: we zijn geestelijk en lichamelijk gezond.

En het mooie is verder, zoals we in de volgende hoofdstukken zullen zien, dat we door middel van enige moeiteloze en natuurlijke oefeningen op een natuurlijke en moeiteloze manier allerlei supernormale vermogens kunnen ontwikkelen, respectievelijk tot bloei kunnen laten komen. Bewustzijn is het veld van alle mogelijkheden. **Wanneer we onszelf zijn geworden, zijn we het veld van alle mogelijkheden.** Door middel van de juiste software kan onze kosmische computer leren alles te bereiken wat hij maar wil.

In het volgende hoofdstuk presenteert Patanjali een serie oefeningen die – wanneer ze vanuit zelfrefererend bewustzijn, of *'ritam bhara pragya'*, gedaan worden – de zogenaamde supernormale vermogens opleveren. De Bijbel verhaalt van de vele wonderen van Jezus, maar vertelt ons niet hóe hij dat deed. Dit geheim wordt door Patanjali's Yoga Soetra wel ontsluierd.

**49. De kennis die voorhanden is in *ritam bhara pragya* is van een hogere aard dan die welke gebaseerd is op intellectuele gevolgtrekking of op de getuigenis van anderen.**

In soetra 7 van dit hoofdstuk werd ons verteld dat er drie manieren zijn om tot juiste kennis te komen: directe zintuiglijke waarneming, logische gevolgtrekking en de betrouwbare getuigenis van anderen.

Deze drie vormen van begrijpen en kennis verwerven spruiten voort uit een mentale activiteit zoals in soetra 6 werd gesteld. De kennisverwerving die in *'ritam bhara pragya'* plaats vindt is echter niet een vorm van mentale activiteit: het is directe perceptie op het niveau van bewustzijn zelf, zonder tussenkomst van a) zintuiglijke organen, b) intellectuele analyse en c) de hulp van andere mensen!

**Zij is gebaseerd op een verlicht bewustzijn in het licht waarvan de hele en essentiële waarheid betreffende elk gewenst object wordt ingezien.** Zintuigen zijn erom bekend ons op velerlei wijzen te misleiden. Zij vertellen ons bijvoorbeeld dat de Zon opkomt in het oosten en ondergaat in het westen. Lariekoek! Door gevolgtrekking zijn we te weten gekomen dat de aarde om haar as draait en daardoor wordt de indruk gewekt dat de Zon om de aarde draait. Onze zintuigen zijn niet eens bij machte de draaiing van de aarde te registreren! Noch worden we gewaar van de supersonische snelheid waarmee de aarde in haar baan om de Zon vliegt (ruim 100.000 km per uur!).

De reikwijdte van onze zintuigen is dus heel beperkt. Met behulp van ons intellect komen we al een stuk verder. Toch is de kennis die ons intellect oplevert ook beperkt. Het intellect kan zich namelijk maar op één aspect tegelijkertijd concentreren. Het is niet in staat de heelheid in elk onderdeel waar te nemen. Het rukt de dingen uit hun verband. Zij kan analyseren en deduceren, maar niet synthetiseren. Zij brengt ons dan ook alleen maar partiële kennis. Daarom zijn er honderden specialismen op de universiteiten. Eén universiteit richt zich op de aard van subatomaire deeltjes, de andere richt zich op de bestudering van sterren of op het ontstaan van de kosmos. Wéér een andere richt zich op de ethiek en een volgende bestudeert de geologie, et cetera.

Onderling kunnen de wetenschappers echter niet tot een geïntegreerde, universele visie komen. **Een universele visie, een alomvattend denkraam kan alleen maar gevonden worden in het bewustzijn zelf.** Kennis is gestructureerd in bewustzijn en dit simpele gegeven wordt tot op heden door de universiteiten niet begrepen. Wanneer echter zelfrefererend bewustzijn beschikbaar is, zoals bedoeld met de aloude term *'ritam bhara pragya'*, dan wordt alle relatieve kennis begrepen in een absoluut licht. **Alle zintuiglijke informatie** wordt geplaatst, begrepen en verwerkt in het licht van het universele Zijn en gezien als een uitdrukking van de kosmische Creatieve Intelligentie. **Alle gevolgtrekkingen – dat wil zeggen alle intellectuele informatie** – worden geplaatst, begrepen en verwerkt in het licht van het universele Zijn en gezien als een uitdrukking van de kosmische Creatieve Intelligentie.

De drie middelen van juiste kennisverwerving zoals genoemd in soetra 7 zijn functies van de alledaagse waaktoestand. **Ritam bhara pragya** verrijkt de alledaagse waaktoestand met het licht van de waarheid, met het licht van de kosmische Creatieve Intelligentie. **Ritam bhara pragya staat dus voor een *verlicht intellect*.** Vandaar dat het ook wel genoemd wordt: *'jyotish mati pragya'* – een intellect dat vervuld is van licht (*jyoti* betekent licht, *mati* betekent vol van, *pragya* betekent intellect, intelligentie of bewustzijn). *Jyotish mati pragya* en *ritam bhara pragya* (*ritam* betekent waarheid, gerechtigheid of kosmische wetmatigheid, *bhara* betekent dragen of vervuld zijn van en *pragya* staat voor intelligentie of bewustzijn) zijn de klassieke termen voor een volledig ontwaakt bewustzijn. Een bewustzijn dat één is met het kosmische bewustzijn, zij het dat het gereflecteerd wordt door een menselijk zenuwstelsel, waardoor het inherent aan enige beperking is onderworpen.

Kosmisch bewustzijn kan dan wel alwetendheid zijn, maar het menselijk organisme, gebonden aan tijd en ruimte, is niet in staat om deze echte, totale alwetendheid te reflecteren. **Wij mensen kunnen maar één ding tegelijkertijd weten.** Dus de mens in wie het licht van het universele bewustzijn schijnt, kan wel *alles* te weten komen waarop hij zijn aandacht ook maar richt, maar hij kan niet alles *tegelijkertijd* weten. **Niettemin is het ritam bewustzijn een uiterst comfortabele toestand omdat je ervaart dat alles wat je ook maar nodig hebt in het leven spontaan en moeiteloos tot je beschikking komt.** Dit is dus een bijkomend maar zeer praktisch voordeel van de zelfrefererende toestand van bewustzijn.

**'Zoek eerst het Koninkrijk der Hemelen binnen in je, en al het andere zal je worden toegeworpen'** waren Jezus' poëtische bewoordingen voor deze universeel beschikbare bewustzijnstoestand. **Je kunt zelfs stellen dat dat 'Koninkrijk der Hemelen' of *'ritam bhara pragya'* ofwel *'jyotish mati pragya'* het universele geboorterecht is van de mens.** De mens is ontwórpen om in deze toestand van bewustzijn te leven. Doet hij dat niet, dan gaat zijn ziel-geest-lichaamsysteem op allerlei manieren mankementen vertonen. Als een natuurlijk en automatisch gevolg hiervan raakt ook het sociale systeem in de war, (je mag dit laatste woordje ook op z'n Engels uitspreken) en op den duur kan zelfs het ecologische systeem min of meer ontregeld worden.

**De uiteindelijke diagnose voor het leed in de wereld is dus simpel: het wordt veroorzaakt door een gebrek aan zelfrefererend bewustzijn.** De drie hierboven genoemde termen zijn slechts drie van de vele namen die de mensheid aan de zelfrefererende, verloste, verlichte en bevrijde toestand van bewustzijn heeft gegeven. De volgende drie soetra's gaan nog dieper in op de aard en de voordelen van deze ontspannen en vervulde manier van functioneren van ons bewustzijn.

**50. De indruk die op de geest wordt gemaakt door de ervaring van *ritam bhara pragya* lost oude latente indrukken op en voorkomt de accumulatie van toekomstige latente indrukken.**

Latente indrukken, hier *samskaras* genoemd, zijn de overblijfselen van de talloze ervaringen die we in de waaktoestand hebben opgedaan. De waaktoestand is geen echt gelukkige toestand. Het is een mengeling van plezier en pijn, lief en leed, succes en frustratie. Het eeuwige en universele advies van de wijzen is om de waaktoestand te verrijken met de ervaring van zijn oorsprong – bewustzijn als zodanig. Zodra we thuis komen in ons Zelf ervaren we een verzachtende invloed die als een balsem inwerkt op oude wonden. We ervaren onze goddelijke essentie in *ritam bhara pragya*. We worden ons bewust van 'de waarheid', die in onszelf besloten ligt. We gaan ons leven leven vanuit de waarheid. We ervaren alles in het licht van de waarheid. Niet langer reageren we op uitwendige situaties vanuit de conditioneringen in onze persoonlijkheid. We staan in het hier en nu en we responderen met waarheid en gerechtigheid, d.w.z. met wijsheid en liefde op de gebeurtenissen in ons leven, ook op privégebied.

We worden vervuld van dankbaarheid, gewoon omdat we mens mogen zijn op aarde, gewoon omdat we mogen leven. Littekens van vroeger, pijnlijke emotionele ervaringen worden door de mildheid van ons Zelfbewustzijn geleidelijk aan opgelost. 's Morgens bij het wakker worden en 's avonds bij het slapen gaan tellen we spontaan onze zegeningen. We voelen diep de waarheid aan die Loesje eens op aanplakbiljetten hier liet drukken: **'Het leven is een feest en jij bent uitgenodigd'**. Het Zelf dat we ervaren in *ritam bhara pragya* (kortweg *'ritam'*) voelt aan als een oceaan van rust, vrede en vervulling. Door te leven vanuit deze bron doen we steeds minder stress op, daar we elke ervaring op ons levenspad direct kunnen verwerken.

De ervaring van zelfbewustzijn in *ritam* gaat op fysiologisch gebied gepaard met een coherent functioneren van de hersenen als geheel. Dit is aangetoond door EEG-onderzoek bij mediterenden. Interessant is voorts te vermelden dat een medisch onderzoeker, Dr. Tony Nader, heeft aangetoond dat het aantal vezelbundels die de verschillende delen van onze hersenen met elkaar verbinden precies overeenkomt met het aantal soetra's in Patanjali's Yoga Soetra, het werk dat je nu aan het studeren bent! De zgn. associatievezels verbinden de vele windingen in de cortex met elkaar. De cortex bestaat uit vier kwabben die genoemd worden naar hun locatie in het hoofd, de achterhoofdkwab, de middenhoofdkwab, de voorhoofdkwab en de slaapbeenkwab.

De associatievezels zorgen voor de verbindingen binnen de kwabben en voor de verbinding van de kwabben met elkaar. Elke hersenhelft wordt ingedeeld in deze vier kwabben en de associatievezels zorgen ook voor de verbinding tussen de linker- en rechterhersenhelft. Op enkele vezels na, maken de associatievezels een verbinding tussen de naast elkaar gelegen windingen in onze hersenschors (*'giri'* genaamd). De vezels dragen de namen van de uitwendig zichtbare windingen in de hersenschors waarmee ze geassocieerd zijn. Dr. Nader is erin geslaagd de soetra's te correleren met de windingen in de hersenschors. **Er blijkt een één op één correlatie te bestaan tussen de windingen in elk van de vier hersenkwabben en de soetra's van de vier hoofdstukken van Patanjali's Yoga Soetra.**

De 51 soetra's van hoofdstuk een corresponderen volgens Dr. Nader met de 51 windingen in de twee achterhoofdkwabben.

De 55 soetra's van hoofdstuk twee corresponderen volgens Dr. Nader met de 55 windingen in de twee middenhoofdkwabben.

De 55 soetra's van hoofdstuk drie corresponderen volgens Dr. Nader met de 55 windingen in de twee voorhoofdkwabben.

De 34 soetra's van hoofdstuk vier corresponderen volgens Dr. Nader met de 34 windingen in de twee slaapbeenkwabben.

Zelfs de lengte van de soetra's zou corresponderen met de grootte van de corresponderende windingen! Dr. Nader schrijft: "De afmetingen van het betreffende hersengebied en de lengte van de verschillende soetra's komen met elkaar overeen. Dus de volgorde van de syllabes van de soetra's en de fysieke structuur van de hersenen corresponderen met elkaar. Zo vinden we dat de langere soetra's een groter gedeelte van de cortex innemen. Bijvoorbeeld, soetra's 1, 2, 3, 4 en 23 van hoofdstuk een zijn kort en zij corresponderen met een kleine winding in de cortex. Soetra's 14, 15, 24, 20 en 41 zijn lang en zij corresponderen met een grote winding in de cortex" (Tony Nader: Human Physiology – Expression of Veda and the Vedic Literature, p.145).

Dr. Nader betoogt verder dat het lezen of horen van de Yoga Soetra een integrerende en helende werking heeft op de hersenen: "We concluderen dat het herhaaldelijk lezen of horen van de soetra's onregelmatigheden of onevenwichtigheden in de fysiologie zal neutraliseren. Het lezen van de Yoga Soetra is voedend en revitaliserend. Het is een oefening die de vitaliteit en kracht van de associatievezels ondersteunt, zowel in hun structuur als in hun functie. Als zodanig bevordert het de geest-lichaam-integratie, de integratie tussen begrijpen en handelen. Een geïntegreerd begrip, een geïntegreerd besluitvormingsproces en een geïntegreerd handelen betekent een foutloos functioneren in harmonie met de Natuurwet" (Tony Nader p.145).

Ik heb deze correspondentie tussen de hersenfysiologie en de onderhavige tekst genoemd omdat het wel aansluit bij mijn ervaring aangaande het bezig zijn met de Yoga Soetra's. Ik heb het gevoel dat het me goed doet en dat het een diepe reorganisatie van m'n bewustzijn met zich meebrengt. Ook dacht ik dat het voor jou interessant zou zijn iets te vernemen over de gezondheid bevorderende aard van de studie die je momenteel aan het doen bent!

Terugkerend naar de tekst zouden we de strekking van bovenstaande soetra als volgt kunnen samenvatten: **het ervaren van de heelheid van je eigen bewustzijn lost oude stressen op en vrijwaart je van de accumulatie van stress in de toekomst.**

**51. Wanneer zelfs de gedachtengolven van *ritam bhara pragya* tot rust komen dan komt de algehele geestelijke activiteit tot rust. Dit wordt '*nirbija samadhi*' genoemd – kiemloze absorptie.**

Het mooie van *ritam bhara pragya* is dat de verlangens, wensen en intenties die je op dat niveau van zuiver bewustzijn koestert, uiterst snel en moeiteloos tot vervulling komen. Dat komt doordat je als individu afgestemd bent op je kosmische aard. Je ware zelf is het tehuis van alle wetten van de Natuur, het verenigde veld van de natuurwet. **Dus wanneer jij functioneert, dan functioneert de totaliteit van de natuurwet!** Subjectief, of laten we zeggen, 'als mens' ervaar je dan dat je de steun krijgt van de Natuur, in al je denken, spreken en handelen. Mocht je in de toestand van *ritam bhara pragya* – wat gewoon een duur woord is voor een geheel ontspannen, zelfrefererend bewustzijn – de wens koesteren om volmaakte rust en vrede te ervaren, dan zul je die ervaren ook!

In deze soetra vertelt Patanjali hoe we de vierde bewustzijnstoestand – de ervaring van ons ware Zelf – tot een toestand van perfectie kunnen brengen. Wanneer het inzicht in ons ware zelf zo diep en zo compleet is geworden dat we het *nirbija samadhi* kunnen noemen, dan is het een permanente realiteit geworden, ook in het leven van alledag. **We zijn dan wel ín de wereld, maar niet ván de wereld, zoals Jezus het eens bondig formuleerde.**

Terwijl onze geest, intellect, ego en zintuigen functioneren binnen de grenzen van het menselijke lichaam, zijn we ons permanent bewust van onze eenheid met de Kosmische Intelligentie! Met andere woorden: we zijn geestelijk volwassen geworden. We zijn volgroeide, volledig ontwikkelde mensen geworden. We zijn volledig *mens* geworden. We gebruiken het volle potentieel van ons bewustzijn, en daardoor het volle potentieel van ons ziel-geest-lichaam-systeem. Onze hersenen functioneren als een coherent geheel. Onze spraak geeft uitdrukking aan de waarheid en aan de kosmische gerechtigheid. Onze zintuigen nemen de objecten waar in het licht van onbegrensd bewustzijn. Onze geest is vrij van spanningen, zorgen, angsten, agressie of depressie. Zij wordt een trouwe dienaar die ons omringt met allerlei wonderbaarlijke attenties.

Ons intellect werkt in het licht van de eeuwige en universele waarheid. Het maakt zijn beslissingen op grond van het bewuste criterium: verhoogt het mijn ervaring van geluk en het geluk van anderen? Ons intellect is zodoende in harmonie met het eeuwige en universele doel van de schepping. Ons ego wordt sterk en veerkrachtig, een flexibel kanaal waardoor **wij onszelf** tot uitdrukking kunnen brengen. Het weerspiegelt op een natuurlijke manier de creatieve en intelligente aard van ons ware Zelf. Ons lichaam is het stoffelijke omhulsel dat door zijn levendigheid, gratie en uitstraling laat zien dat het een zelfbewuste ziel herbergt. (Het woord 'lichaam' komt van het Oudhollandse 'lik haam', dat 'vlees hemd' betekent.) Het is een perfect 'ruimtepak' waarmee we ons in de 3-D wereld kunnen manifesteren.

Aldus heeft Patanjali in het eerste hoofdstuk van zijn meesterwerk de glorie bezongen van de aard van ons ware Zelf! Indien Dr. Nader gelijk heeft, zijn de achterhoofd kwabben van je rechter- en linkerhersenhelft nu verlevendigd en functioneren zij meer gebalanceerd en geïntegreerd als voorheen!

Het volgende hoofdstuk behandelt een aantal specifieke procedures en processen die we moeten doorlopen om de ervaring van Heelheid een permanente realiteit te maken. Volgens Dr. Nader verlevendigt hoofdstuk twee de frontale hersenkwabben ... dus je weet wat je te wachten staat! ☺

ॐ

*Atma va are drashtavyah, shrotavyah, mantavyah, nididhyasitavyah!*

~ *Brihad Aranyaka Upanishad 2.4,5*

*Alleen het Zélf is het waard om gezien te worden, gehoord te worden, om over nagedacht te worden en om gerealiseerd te worden!*

ooooOOO**Omm**mmm

# Hoofdstuk Twee

## *Praktische Oefeningen*

*Wat een mens kán zijn,
dat móet hij zijn.
Dit is de drang tot
zelfrealisatie.*

*~ Abraham Maslow*

## 1. Tapas (zelfdiscipline), zelfstudie en overgave aan de alomtegenwoordige Intelligentie (God) zijn de drie activiteiten die eenheidsbewustzijn teweegbrengen.

*Tapas* wordt gewoonlijk vertaald als soberheid, ascetisme en onthouding van zintuiglijke genietingen. Deze vertaling dekt echter niet de essentie van het woord tapas. *Tapas* betekent letterlijk: hitte. Het 'doen van *tapas*' betekent 'de temperatuur verhogen'. *Tapas* slaat op het spirituele vuur dat in ons leef. Het leven is immers vergelijkbaar met een vuur. Niet voor niets is de Zon – de universele levensgever – een bal van vuur. Mensen, en in feite alle levende wezens, worden ook gecreëerd in het vuur van passie. Het verrichten van tapas bestaat dan ook uit allerlei mentale, verbale, emotionele en fysieke handelingen die erom bekend staan dat ze ons spirituele vuur vergroten, m.a.w. dat ze ons bewustzijn van onze goddelijke essentie versterken. **Tapas is het best te begrijpen als zelfdiscipline, die allerlei vormen aan kan nemen.** De Oepanishaden definiëren de '*tapas* van de spraak' als: het spreken van de waarheid, de '*tapas* van de geest' als: je mentaal richten op de waarheid en de '*tapas* van het lichaam' als: het verrichten van goede en intelligente handelingen waardoor je zelfbewustzijn vergroot wordt. Het is overigens zo dat elke intelligente en goede daad, elke evolutionaire handeling je zelfbewustzijn vergroot!

Van buitenaf gezien kan er dus sprake zijn van een soort ascetisme, een 'afzien van' en een soort soberheid. Maar van binnenuit gezien is het een positieve actie om jezelf sterker te maken. Het is net als het zien van iemand die op een mooie veranda van een villa vertoeft en die de veranda verlaat om de villa binnen te gaan. Vanuit een negatieve visie zeg je: de persoon verlaat de heerlijke veranda met uitzicht op de prachtige tuin die overladen is met bloemen en vruchtenbomen. Vanuit een positieve visie, vanuit het gezichtspunt van de persoon zelf zeg je: hij gaat de comfortabele huiskamer binnen waar hij kan genieten van de stilte, de rust, koelte, comfort, televisie, telefoon, ijskast et cetera.

Als iemand aangetrokken wordt door de innerlijke vrede en gelukzaligheid, die nu eenmaal alleen binnen in onszelf te vinden zijn, dan zal hij/zij het prettig vinden om bij voorbeeld de ogen te sluiten en dagelijks te mediteren. Mensen die er niet van bewust zijn dat 'het Koninkrijk der Hemelen' *binnen* in ons is, zullen geneigd zijn meditatie als een tijdsverspilling te beschouwen. Het valt hen op dat de mediterende zich allerlei leuke activiteiten ontzegt. Ananda Moyi Ma, een gelukzalige vrouwelijke *'guru'* uit India, placht te zeggen dat degenen die zich *niet* naar binnen keren om daar de goddelijke *bliss* te ervaren, de feitelijke asceten zijn, die de echte ontbering ervaren. Kortom, het is beter *tapas* te zien als iets positiefs, als iets dat je voedt, als iets waar je van genieten kunt en dat je in staat stelt de uiteindelijke gelukzaligheid deelachtig te worden. Het is niet verkeerd om *tapas* te vertalen met 'zelfdiscipline'.

***Zelfstudie*** is de vertaling van de term *'svadhyaya'* hetgeen letterlijk betekent: 'Hoofdstuk van het Zelf'. Svadhyaya staat dus voor het openen van dat hoofdstuk in de studie des levens dat over het Zelf gaat. In essentie betekent dit dat men de ogen sluit en men het Zelf de gelegenheid geeft om bewust te worden van zichzelf. **Daarnaast echter, wanneer men de ogen weer opent, is het goed om teksten te lezen waarin de aard van het Zelf duidelijk uiteen wordt gezet.** Persoonlijke ervaring gedijt het best wanneer het aangevuld wordt door verstandelijke kennis. Kennis en ervaring dienen altijd hand in hand te gaan. Dus naast meditatie impliceert svadhyaya het bestuderen van de vedische teksten. De vedische teksten gaan inderdaad over het Zelf. **De enige topic van alle 27 takken van vedische kennis is het *Atma*!** En het lezen ervan helpt inderdaad enorm het bestaan van het *Atma* in alles en iedereen waar te nemen. Maar ook hier geldt weer dat de uiterlijke activiteit van het lezen van de vedische kennis niet de essentie weergeeft van het woord *'svadhyaya'*. 'De wijsheid in het boek blijft in het boek' is een bekend Engels gezegde. Uiteindelijk is het het Zelf dat het Zelf kan leren kennen, onderscheiden en herinneren. **Het gaat dus primair om zelfreflectie en zelfherkenning.** Het gaat om het objectief waarnemen en bestuderen van ons eigen functioneren. Zelfstudie slaat ook op het onderzoeken van onze diepste motieven.

'Je kunt het paard naar het water brengen, maar je kunt het niet dwingen om te drinken', placht Krishnamurti wel eens te zeggen. De enige 'instantie' die het Zelf kan kennen is het Zelf. De enige 'instantie' die het zelf kan *her*-kennen en *her*-inneren is het Zelf zelf. Het enige dat zich bewust kan zijn van het Zelf is het Zelf. Het Zelf is nu eenmaal het enige bewuste en zelfrefererende element in de schepping. Alleen die zelfontdekking brengt ons verder op het padloze pad van zelfkennis. Daarom heet het in de Oepanishaden: *"Brahmavit brahmaiva bhavati"* – **"De kenner van Brahman is Brahman zelf"**. *(Mundaka Upanishad 3.2.9)*

**Overgave aan God, de alomtegenwoordige intelligentie** is de vertaling van: *'Ishvara pranidhana'* hetgeen letterlijk betekent: overgave aan *Ishvara*. **Ishvara is een van de talloze namen die in India gebruikt worden om God, de alomtegenwoordige Creatieve Intelligentie mee aan te duiden.** Het hindoeïsme is overigens géén veelgodendom! In de ogen van de Indiërs zelf zijn de vele godsnamen en de vele godsbeelden de verschillende gezichten van de ene en ware God. Elke naam van God belicht één facet van het goddelijke. *Ishvara* verwijst naar de 'alles besturende' aard van de kosmische Creatieve Intelligentie. **Overgave aan *Ishvara* impliceert dus dat je in gaat inzien dat je als persoonlijkheid of als ego niet beslist en handelt, maar dat de komische intelligentie bepaalt wat er gebeurt en dat het uiteindelijk ook de kosmische intelligentie is die alle handelingen verricht.** Zoals Krishna in de Bhagavad Gita zegt: "Alle activiteiten worden verricht door de Natuur en het Zelf (*Atma*) van alle wezens is actieloos. Hij die dat inziet, ziet de werkelijkheid zoals ze is." (B.G. Hfst 13 vers 25). *"Naiva kinchit karomi, yukto manyeta tatvavit"* zegt Krishna elders in de Gita: "Hij die het *Atma* kent, zal altijd weten 'Ik verricht niet de geringste activiteit`". Wanneer men gevestigd is in de uiteindelijke waarheid omtrent het leven weet men dat het ziel-geest-lichaam-systeem slechts een kanaal is waardoor de kosmische Creatieve Intelligentie zich hier op aarde uitdrukt.

De wereldberoemde mantra *'Om Namah Shivaya'* geeft uitdrukking aan het bewustzijn dat zichzelf identificeert met het kosmische bewustzijn. *Namah* wordt gewoonlijk vertaald met: 'neerbuigen voor', maar in esoterische zin betekent het: 'identificeren met'! **Shiva is een naam van het goddelijke die het aspect van 'goedheid' belicht.**

**Shiva betekent letterlijk 'goedheid'.** De gevoelswaarde van *'Om Namah Shivaya'* wordt wel eens vertaald met: 'Uw wil geschiede', waarbij men zich dus losmaakt van het egocentrische bewustzijn en zich associeert met het universele bewustzijn.

Je zou de drie in deze soetra genoemde activiteiten kunnen schetsen met de woorden: **zuivering** als de essentie van *tapas*, **zelfreflectie** als de essentie van *svadhyaya* en **eenwording** als de essentie van *Ishvara pranidhana*. Het zou niet foutief zijn om te zeggen dat de drie genoemde activiteiten betrekking hebben op de drie aspecten van onze individualiteit: lichaam, geest en ziel:

*Tapas* houdt in dat we gezonde gedragsregels instellen die ons behoeden voor tijd- en energieverspilling. Het impliceert een gezonde mate van zelfdiscipline. Het betekent dat we kiezen voor activiteiten die onze evolutie dienen en dat we activiteiten die onze evolutie niet (direct) ten goede komen, zo veel mogelijk vermijden.

*Svadhyaya* houdt in dat we onze eigen geestelijke activiteit voortdurend aan een objectief onderzoek onderwerpen. We checken voortdurend of een gedachte de waarheid weerspiegelt en of een gevoel nuttig en evolutionair is. Door onze geestelijke activiteit af te stemmen op dat wat waar en goed is worden we steeds meer gevestigd in de Waarheid en de Goedheid van het Zelf. Wanneer we ook maar een moment onze geestelijke activiteit laten afdwalen van het zicht op het Zelf, dan verliezen we onze zelfstandigheid en gelukzaligheid. **De Taitiriya Oepanishad (2.7) zegt in dit verband dat zelfs de wijze mens angst kan voelen zodra hij ook maar één moment zijn ware identiteit vergeet.**

*Ishvara pranidhana* heeft natuurlijk betrekking op de ziel, want overgave aan God kan per definitie alleen plaatsvinden op het niveau van de ziel. De individuele ziel geeft zich over aan – associeert zichzelf met/verenigt zich met – zijn bron: de universele Ziel. **Het is heel natuurlijk voor de ziel om zich 'over te geven' aan God daar God niets anders is dan haar eigen bron en essentie!** De individuele ziel is het tehuis voor het individuele ik-besef. Het ego is het centrum van de ziel. In de ervaring van overgave wordt ons ego zich bewust van zijn oorsprong en essentie ... het ware Zelf. Het begrip 'Overgave aan God' kunnen we nu eindelijk op een niet-religieuze manier gaan begrijpen: De ziel is als een Golf op de oceaan ... Zij komt eruit voort en gaat er weer in op. In wezen, op het kwantummechanische niveau, is de ziel dus altijd "één met God", zoals de golf in wezen altijd één is met de oceaan. Alle mystici – uit oost en west – spreken van de mystieke eenheid van de individuele ziel met de kosmische Creatieve Intelligentie (God). **Onthoud daarom altijd dat je ziel *in wezen* identiek is aan God! Onthoud altijd: *Jivo Brahmaiva, na parah!* – *De individuele ziel is in wezen God, en niets anders!***

## 2. Zij versterken de ervaring van samadhi en verminderen de aandoeningen.

Interessant is dat Patanjali niet zegt dat ze samadhi *veroorzaken*. Zij *bevorderen* slechts de ervaring van samadhi. Geen enkele uiterlijke activiteit van het ziel-geest-lichaam-systeem is in staat om samadhi voort te brengen. **Geen enkele verandering in de wolken is in staat om de Zon te doen schijnen.** De Zon schijnt immers altijd al. Precies zo is het gesteld met het Zelf. Het Zelf is er altijd. De ervaring van het zelf kan niet verdwijnen, anders zou jij zelf moeten verdwijnen. Maar de drie genoemde activiteiten van lichaam, geest en ziel, zijn als het waaien van de wind in een gunstige richting zodat de eeuwige glorie van de Zon zich kan openbaren.

Het Zelf openbaart zich zelf, voor zichzelf en door zichzelf. **En omdat het Zelf, door iemand die zichzelf nog niet goed kent, geconceptualiseerd wordt als een externe grootheid, wordt zelfrealisatie of verlichting vaak afgeschilderd als een genade van God.** En ook dat is juist aangezien God en het Zelf één zijn. *Samadhi* of een verlicht intellect wil nu juist zeggen dat men inziet dat ***Ishvaro gurur atmeti*** **– ofwel dat God, de Guru en het Zelf identiek zijn!** Dit is een spreuk uit de Oepanishaden en het is goed om ook deze van buiten te leren. Het is een krachtige mantra die ons meteen verheft tot de eeuwige en universele waarheid.

Over mantra's gesproken. Wat betekent 'mantra' eigenlijk? Mantra komt van *manas* en *trayate*. *Manas* is geest en *trayate* is bevrijden. Een mantra is dus een instrument om ons te bevrijden van onze geest! In de praktijk komt dat erop neer dat we de *identificatie met de geest* loslaten ofwel transcenderen. We kunnen ons pas met ons ware Zelf identificeren nadat we de identificatie met alle geestelijke activiteiten getranscendeerd hebben. Als we het echt goed willen zeggen – en dat willen we – dan moeten we stellen dat het in feite andersom gebeurt: **Door onszelf met onszelf te identificeren, laten we de identificatie met de geest spontaan los.**

Deze waarheid wordt door Patanjali geïmpliceerd door te zeggen dat de drie activiteiten slechts in staat zijn de ervaring van *samadhi* te *bevorderen*: ze kunnen het niet creëren! Geen enkele wolkenactiviteit, hoe subtiel of hoe krachtig ook, is de *oorzaak* van het schijnen van de Zon. In de uiteindelijke analyse hebben de twee verschijnselen niets met elkaar te maken. Activiteiten van lichaam, geest en ziel kunnen slechts de obstakels weghalen die ons in onwetendheid houden omtrent onze ware aard. Door dit te doen wordt het lijden van de mens verzacht. Automatisch. We zagen al dat gebrek aan de ervaring van het Zelf – het gebrek aan de ervaring van onbegrensd bewustzijn – de oorzaak is van al het menselijk lijden: geestelijk, lichamelijk, sociaal en met betrekking tot de omgeving. **Om het eens heel academisch te zeggen: Psychologisch, fysiologisch, sociologisch en ecologisch lijden is het automatische gevolg van een gebrek aan zelfrealisatie.**

**3. De vijf aandoeningen zijn: onwetendheid, het gevoel een handelend 'ik' te zijn, gehechtheid, aversie en halsstarrigheid.**

Volgens de 'Monier Williams' – het grootste Sanskriet-Engels woordenboek ter wereld (dat ook online te raadplegen is) – betekent *'klesha'* aandoening, afflictie, pijn, smart e.d. Ik ga dus niet mee met de gebruikelijke vertaling van *'klesha'* als *'oorzaak* van lijden' of 'obstakel'. Als aandoeningen of afflicties van de geest zijn de *klesha's* wel de oorzaak van de *'vikshepa's'* of obstakels die genoemd worden in hoofdstuk een, soetra 30. In de volgende zes soetra's wordt de aard van de vijf aandoeningen nader uiteengezet.

**4. Onwetendheid omtrent onze ware aard is de oorzaak van de andere vier aandoeningen – of zij nu latent, zwak, onderbroken actief of voortdurend actief zijn.**

Het woord voor 'oorzaak' in deze soetra is *'kshetram'*, hetgeen ook betekent: 'veld' of 'gebied' waarin de andere vier gedijen. Deze soetra bevestigt onze conclusie van zojuist waarbij we inzagen dat **alles in ons leven afhangt van de toestand van bewustzijn waarin we verkeren. Zonder de ervaring van het Zelf blijven alle levensgebieden bezet met problemen. Dat is precies de situatie waarin de mensheid zich tot op heden bevindt.**

**5. Onwetendheid bestaat uit het aanzien van het tijdelijke voor het eeuwige, het onzuivere voor het zuivere, het pijnlijke voor het plezierige, het niet-zelf voor het Zelf.**

Onwetendheid omtrent onze ware aard beslaat een breed spectrum omdat onze ware aard nu eenmaal alomvattend is. Voorbeelden van de genoemde vergissingen van ons intellect zijn gemakkelijk te vinden:

Mensen denken vaak dat een of ander historisch gegroeid en cultureel bepaald godsbeeld de enige echte God is. Zo verwisselt men het tijdelijke met het eeuwige.

Door onwetendheid denken we vaak dat onze intenties zuiver zijn, om later te ontdekken dat ze enigszins onzuiver waren. Zo verwisselen we het onzuivere met het zuivere.

Religies hebben duizenden jaren betoogd dat het goed is om te lijden. Hoe zwaarder ons leven was, hoe fortuinlijker we onszelf moesten beschouwen. In extreme vormen van religieus fanatisme hebben velen zichzelf opzettelijk gepijnigd en gemarteld. Tot op de dag van heden wordt in bepaalde kringen een gewelddadige zelfmoord gezien als een directe weg naar de hemel. Zo verwisselt men het pijnlijke met het plezierige.

Wereldwijd bestaat er de neiging onszelf te identificeren met onze gedachten, onze gevoelens, ons lichaam en de sociale rol die we vervullen. En dat terwijl we in essentie de waarnemer zijn van al die uitdrukkingen of manifestaties van ons zelf. De toneelspeler wordt terecht voor gek verklaard, wanneer hij thuisgekomen bij vrouw en kind zijn theaterrol blijft spelen – ervan overtuigd zijnde dat hij bijvoorbeeld Napoleon ís. **Door onszelf met ons lichaam te identificeren verwisselen we het niet-zelf met het Zelf.**

**6. Het gevoel een handelend 'ik' te zijn ontstaat door de schijnbare identiteit van de ziener en zijn vermogen tot zien.**

*Asmita*, het gevoel een handelend 'ik' te zijn ontstaat doordat bewustzijn zich abusievelijk identificeert met ons denkapparaat en met onze persoonlijkheid als geheel. Patanjali gebruikt hier het woord *'ekamata iva'* ofwel *schijnbare* identificatie aangezien er van een werkelijke identificatie nooit sprake kan zijn. Hoe kan datgene dat onbegrensd, eeuwig en onsterfelijk is, één zijn met een tijdelijke, begrensde persoonlijkheid? De identificatie van het Zelf met het ziel-geest-lichaam-systeem komt voort uit een illusie, een zinsbegoocheling, een intellectuele vergissing. Wanneer de ziener – zuiver bewustzijn – zich niet bewust is van zijn ware aard als stille getuige van alle dynamiek die in de manifeste werkelijkheid plaatsvindt, dan identificeert het bewustzijn zich met de activiteit van de geest. **Al eerder bespraken we de simpele waarheid: bewustzijn tendeert ernaar zich te identificeren met wat het ook maar ervaart** – of dit nu iets relatiefs is (ziel-geest-lichaam-systeem) of iets absoluuts (Zijn, bewustzijn, Zelf, God, waarheid, et cetera).

**Het ego, als centrum van ons ziel-geest-lichaam-systeem is inderdaad een handelend "ik". Dat is gewoon een feit.** Het ego is actief op velerlei manieren. Ons ware zelf echter – het *Atma* – is transcendentaal bewustzijn en als zodanig is het voor altijd *in*actief. Het is de stille waarnemer van onze persoonlijkheid. Het is de stille waarnemer van de activiteiten die ons ego onderneemt. **Met een alledaags voorbeeld kunnen we het onderscheid tussen het ego en het Zelf helder voor ogen brengen. Het ego is als de chauffeur van een auto, en het Zelf zit te genieten op de achterbank.** In zekere zin is het Zelf de baas van het ego, die op een zachte, liefdevolle manier bepaalt wat het ego te doen en te laten heeft. Maar als we ons niet bewust zijn van de stille en transcendentale aard van ons Zelf (de stille en gelukzalige chef op de achterbank) dan waant ons ego zich zijn eigen baas te zijn. Wanneer we niet bewust zijn van ons Zelf, dan identificeren we ons met het ego en zijn activiteiten (de actieve chauffeur). De onwetendheid omtrent onze stille en gelukzalige aard doet de illusie ontstaan dat wij als Ziener (Zelf) het ego en zijn activiteiten zijn. **Het water in de golf identificeert zich met de golf en vergeet dat het datgene is waaruit de hele oceaan bestaat!**

## 7. Gehechtheid komt voort uit de ervaring van geluk.

Onze ziel is constant op zoek naar geluk. Indien we het blijvende, ware geluk nog niet hebben gelokaliseerd in onszelf, dan blijven we het zoeken in uiterlijke objecten zoals geld, status, relatie, reputatie, huis, auto, vakantie et cetera. Als we eenmaal een aangename en plezierige ervaring hebben gehad met iets of iemand, dan willen we die ervaring graag herhalen en ervoor zorgen dat die bestendigd wordt. We worden zogezegd gehecht aan datgene dat – of diegene die – ons die gelukkige ervaring heeft gegeven. **Dit universele mechanisme is volmaakt natuurlijk en kan ook in ons voordeel werken – namelijk als we de ervaring van *innerlijk* geluk en *transcendentale* vrede in ons zelf ervaren hebben.** Ook deze innerlijke ervaring kan als een magneet op ons werken en deze 'gehechtheid' aan het *innerlijke* geluk kan ons helpen permanent gevestigd te raken in de onbegrensde gelukzaligheid van het 'hogere zelf'.

Maar zoals Patanjali zegt, we zien vaak iets dat inherent pijnlijk is aan voor het ware geluk. Dan kunnen we gehecht worden aan iets dat ons uiteindelijk niet gelukkig maakt ... We geven onze kracht, onze zelfstandigheid weg aan het object van onze gehechtheid. Daardoor zijn de meeste mensen gevangen in een soort vicieuze cirkel: Terwijl men op zoek is naar het ware levensgeluk, komt men niets anders tegen als tijdelijke vormen van geluk ... Door deze tijdelijke golven van geluk voortdurend te herhalen hopen we toch iets te ervaren van het ware, bestendige levensgeluk. Maar door de voortdurende herhaling van tijdelijke golven van geluk worden we eraan gehecht, en verliezen we als het ware ons Zelf ... Om ons los te weken uit deze vicieuze cirkel riepen de Oepanishadische wijzen van duizenden jaren geleden: *'Nalpe sukham asti, bhumaiva sukham!'* – 'Er is geen geluk te vinden in het relatieve bestaan, geluk ligt in de oneindigheid!'

**8. Aversie komt voort uit de ervaring van lijden.**

Afkeer of haat is duidelijk een meer ongewenste aandoening dan de boven genoemde gehechtheid. Toch zijn beide aandoeningen een obstakel voor onze geestelijke gezondheid en geestelijke volwassenheid. Of – zoals Patanjali het noemt – ze zijn een obstakel voor onze eenwording en bevrijding. Aversie en gehechtheid zijn mentale toestanden die de ervaring van onbegrensde vrijheid in de weg staan. In geestelijke volwassenheid of 'ritam bhara pragya' zien we de dingen, de mensen en de werkelijkheid als geheel zo als ze zijn. Het is zoals William Blake eens zei: "Indien de vensters van onze waarneming gezuiverd zouden worden, dan zouden we de dingen zien zoals ze zijn ... oneindig."

Dan worden we verlost van de tweeledige kwelling van aantrekking en afstoting die altijd samen optrekken. Het zijn twee natuurlijke functies van de geest die nu eenmaal op een soort elektromagnetische basis schijnt te werken. Dat is helemaal oké. Het wordt alleen gênant als wij onder hun regiem komen te staan. Dan verkrijgt de geest schijnbaar de macht over onze ziel of over ons zelf: de werknemer krijgt de macht over de baas. Het kind krijgt de macht over de ouder. De sterfelijke krijgt de macht over de onsterfelijke ... linke soep. In werkelijkheid kan dit natuurlijk helemaal niet, maar het is wel de subjectieve ervaring in de gangbare waaktoestand ... met alle nadelen en gevaren van dien.

## 9. Halsstarrigheid in het volgen van je eigen verlangen komt zelfs voor bij de wijzen.

Jazeker, koppigheid komt ook voor bij de wijzen! Het komt voort uit het natuurlijke en eeuwige principe van *'sva rasa'* –'het volgen van je voorkeur', het volgen van de spontaan opkomende verlangens. **Opnieuw is dit een natuurlijke tendens die ofwel in ons voordeel, dan wel in ons nadeel kan werken!** Als we de gelukzaligheid en de vrede van het Zelf nog *niet* geproefd hebben, dan kan onze koppigheid ons soms duur komen te staan. Dan kan het wel eens gericht worden op het vastklampen aan eenzijdige, egoïstische, ongezonde en zelfdestructieve gezichtspunten en belangen. Indien we *wel* ooit een glimp van het universele Zelf hebben opgevangen, dan kunnen we de kracht van halsstarrigheid gebruiken in onze *'tapas'* (zie hoofdstuk een, soetra 1) om afleidingen te weerstaan en obstakels voor zelfrealisatie te overwinnen.

De term die ik hier vertaald heb met halsstarrigheid is *'abhinivesha'*. Dit begrip wordt in de meeste vertalingen van de Yoga Soetra's vertaald met 'gehechtheid aan het leven' of 'angst voor de dood', welke ook bij de wijzen zouden voorkomen. Maar de 'Monier-Williams' maakt duidelijk dat dit berust op een foutieve interpretatie, een *'hinein* interpretatie'. Mijns inziens hebben wijze mensen geen angst meer voor de dood. **Mensen die een bijna dood ervaring hebben ondergaan melden unaniem dat zij sindsdien geen angst meer hebben voor de dood.** Maar halsstarrigheid of koppigheid kan mijns inziens inderdaad voorkomen bij wijze mensen. De tendens om eigen verlangen te volgen en te streven naar de vervulling van deze verlangens, hoeft niet te wijzen op gehechtheid of onwetendheid ... Het komt er helemaal op aan wat voor verlangens het zijn die we per se willen vervullen. **Er zijn veel verlangens die als het ware door God zijn ingegeven!** En omdat Gods wil en mijn wil *in wezen* identiek zijn zit de tendens om mijn eigen wil te volgen wel héél erg diep. In feite is het een tendens van het Zelf zélf. In zekere zin is het hierboven genoemde principe van *'Sva rasa'* absoluut onschuldig aangezien het een universeel, natuurlijk en onoverwinnelijk mechanisme aanduidt en staat voor de wil die spontaan opkomt vanuit het zelf. **Ook geestelijk volwassen mensen ("verlichte mensen") doen precies wat ze willen!** Elk vogeltje zingt zoal het gebekt is. In de Bhagavad Gita zegt Krishna tegen Arjuna: *"Wat kan zelfcontrole bewerkstelligen? Zelfs de verlichte handelt volgens zijn geaardheid"*. Ook hier komen we dus weer tot het inzicht dat het probleem niet zit in het hebben en volgen van verlangens. Ze kunnen ofwel vóór ofwel tégen ons werken, al naar gelang het niveau van ons bewustzijn. De oplossing van het 'probleem' is dan ook zoals altijd gelegen in het helderder worden van ons zelfbewustzijn.

**10. In hun subtiele vorm kunnen de aandoeningen vermeden worden door ze op te laten lossen in het Zelf.**

De tekst zegt *'prati prasava'* hetgeen letterlijk betekent: 'ze terug naar binnen nemen'. Indien we enige mate van zelfrefererend bewustzijn hebben ontwikkeld, dan wordt het mogelijk de aandoeningen in hun subtiele vorm waar te nemen. Onwetendheid, egoïsme, gehechtheid, aversie en halsstarrigheid zijn per definitie geestelijke condities. Door een permanente zelfreflectie kunnen we ongewenste geestelijke patronen, tendenzen, gewoonten, conditioneringen, beperkende overtuigingen, angsten, in een vroeg stadium herkennen alvorens zij zich kunnen manifesteren in onomkeerbare gevoelens, emoties, overtuigingen en de daaruit voortvloeiende handelingen.

Voorkómen is beter dan genezen, zegt Patanjali hier impliciet. Als je inziet dat je motivatie voortkomt uit onwetendheid met zijn vier vaste medewerkers, dan is het goed om even een pas op de plaats te maken – even te gaan mediteren – even wat *tapas* te gaan doen, even wat zelfstudie te beoefenen en je over te geven aan een meer kosmische impuls van het hogere Zelf. Zo kunnen we een hoop leed voorkomen – voor onszelf en voor anderen.

## 11. Door meditatie wordt hun manifestatie voorkómen.

De aandoeningen zijn zo diep geworteld in onze geest dat dagelijkse meditatie nodig is om hun voortdurende manifestaties te voorkomen. In de Bhagavad Gita – die overigens ook beschouwd wordt als een klassiek werk over yoga – zegt Krishna dat mediteren een dagelijkse *must* is om ons ingeboren potentieel bewust te worden. Hij noemt het een 'universeel dharma': iets dat allen en iedereen ondersteunt. Hij brengt het hierdoor op één niveau met eten, drinken en slapen. Ook Patanjali geeft hier aan dat meditatie niet gezien moet worden als een luxe – het is een noodzakelijk medicijn dat we dagelijks moeten innemen om de manifestatie van de vijf genoemde aandoeningen te voorkomen. **Je zou kunnen zeggen dat meditatie voedsel voor de ziel is. Eten en drinken is voedsel voor het lichaam. Slaap is voedsel voor de geest.** Alle drie niveaus van onze individualiteit horen hun dagelijkse voeding (ondersteuning) te krijgen, anders raken we uit balans, en manifesteren zich allerlei narigheden. In het vorige hoofdstuk noemde Patanjali een aantal methoden en technieken waarmee de negen obstakels, genoemd in hoofdstuk 1 vers 30, verwijderd kunnen worden. Hier vat hij alles samen in één woord: *'dhyana'* hetgeen betekent 'meditatie'.

## 12. De wortels van de aandoeningen worden gevormd door de indrukken van (vroegere) handelingen. Zij manifesteren zich in dít leven dan wel in vólgende levens.

Elke handeling die we ooit verricht hebben laat een subtiele indruk achter in ons *'chitta'*, dat gebied van ons bewustzijn waarin alles wordt opgeslagen. Deze kosmische geheugenbestanden kunnen worden geactiveerd wanneer we in soortgelijke omstandigheden verkeren als destijds. Deze latente indrukken zorgen dus voor een soort conditionering van het ziel-geest-lichaam-systeem. Ze zorgen voor een constante factor in onze persoonlijkheid. **Natuurlijk is er niets mis met dit Godgegeven mechanisme.** Het is alleen zo, dat wanneer de vroegere handelingen niet zo levensbevorderlijk waren, de toekomstige handelingen ernaar tenderen ook niet levensbevorderlijk te zijn. Aldus kunnen we in een vicieuze cirkel terecht komen welke maar al te vaak optreedt in een alom bekende bewustzijnstoestand ... de waaktoestand. Deze gangbare bewustzijnstoestand is zoals gezegd een mengeling van plezier en pijn, vreugde en leed, gezondheid en ziekte, geboren worden en sterven, succes en falen, meevallers en frustraties, et cetera. **Al deze ervaringen zijn natuurlijk en onvermijdelijk. Ze worden alleen een probleem als we ons ermee identificeren zoals per definitie het geval is in de waaktoestand.** De beoefening van yoga komt ons dan te hulp en helpt ons uit te stijgen boven de gangbare waaktoestand en daarmee stijgen we uit boven de paren van tegengestelden. We worden dan niet langer als een voetbal heen en weer geschopt door de omstandigheden. We worden de stille, vredige, liefdevolle, genietende getuige van al deze natuurlijke gebeurtenissen.

**13. Zolang de latente indrukken blijven bestaan, dragen zij vrucht in de vorm van nieuwe geboorten, levens en ervaringen.**

Het woord voor ervaringen dat Patanjali hier gebruikt is *'bhoga'*, hetgeen vertaald kan worden met 'genietingen'. Het leven is genietbaar – vind je ook niet, geachte lezer? Zelfs in de gewone waaktoestand heeft het leven iets heel prettigs en fascinerends. De opgedane genietingen vormen de kiemen voor nieuwe genietingen, die we gaan nastreven zodra de omstandigheden daarvoor gunstig zijn. **Deze soetra geeft het mechanisme aan dat ten grondslag ligt aan het natuurlijke proces van reïncarnatie.**

**14. Deugdzame handelingen resulteren in vreugde, ondeugdzame handelingen resulteren in pijn.**

Een heel eenvoudig statement. Niettemin geeft zij diep inzicht in het mechanisme van het leven. Het doel van het leven, en in feite van de schepping als geheel, is de uitbreiding van geluk. Wanneer we handelen in overeenstemming met de Natuurwet, krijgen we een positieve feedback van Moeder Natuur. Moeder Natuur heeft ons de totale vrijheid van handelen gegeven; wij mensen kunnen immers doen wat we willen. Wijze mensen noemen dit het grootste geschenk van God aan de mens. Het leven gedijt in vrijheid. **Vrijheid is een sine qua non voor ons geluk.** Maar deze vrijheid brengt met zich mee dat we continu voor keuzes worden geplaatst. Wat te denken, wat te voelen, wat te zeggen, wat te doen. Onze keuzevrijheid is oneindig groot.

Maar om ons te behoeden voor al te veel keuzes die tegen de kosmische stroom van de expansie van geluk indruisen, werkt de natuur met een ingebouwd feedbackmechanisme. Als we te sterk van een heilzame koers afwijken gaan we ons ongemakkelijk voelen. In Engeland noemen ze dat *'dis-ease'*, letterlijk *ongemak*. Als we deze koers maar lang genoeg volhouden worden we lichamelijk ziek. Moeder Natuur geeft ons steeds sterkere hints dat we voor onze eigen bestwil beter een andere, meer *easy* koers kunnen gaan varen. **De mens geniet een totale vrijheid van handelen, maar hij moet bereid zijn de consequentie van zijn handelingen te aanvaarden.** 'Zoals je zaait zul je oogsten', was de analogie die Jezus gebruikte om dit mechanisme aan te duiden. Maharishi Mahesh Yogi noemde dit eens een universele dorpswijsheid.

Deze wetmatigheid is ook ontdekt door de natuurkundigen: 'Elke actie roept een evenredige reactie op', zei Isaac Newton. **Al wat ons overkomt is het resultaat, de vrucht, van handelingen die we ooit eerder verricht hebben.** Sommige vruchten komen ogenblikkelijk, andere wat later. Sommige komen in dít leven, sommige komen pas in een volgend leven. Het is dus niet zo dat we dingen oogsten die we nooit gezaaid hebben. We zijn de smid van ons eigen geluk, dan wel van ons ongeluk (Voor een omvattend antwoord op de vraag hoe het bestaan van vrije wil te rijmen valt met een zekere voorbestemming in ons leven, zie mijn boek: "Vrije Wil en Voorbestemming". Daar leg ik uit wat vrije wil precies is en in wat voorbestemming precies is, en hoe deze twee in volmaakte harmonie met elkaar samenwerken).

Inzicht te hebben in het natuurlijke mechanisme van karma maakt ons stabiel; het vervult ons met wijsheid en helpt ons vertrouwen te hebben in de kosmische rechtvaardigheid die altijd en overal werkzaam is. **Eigenlijk is het leven dus heel eenvoudig: het werkt als een boemerang: alles wat je uitzendt, komt vroeg of laat bij je terug.** In zekere zin is dit alles wat een mens hoeft te weten om een deugdzaam en wijs mens te worden! Iemand die dit Inzicht ter harte neemt gaat zich vanzelf toeleggen op enige vormen van *'tapas'* (zelfdiscipline), *'svadhyaya'* zelfstudie met de bedoeling zichzelf te verbeteren en zich te ontwikkelen en *'Ishvara Pranidhana'* overgave van het ego aan het universele Zelf. (Zie soetra 1 van dit hoofdstuk.)

**15. Maar de mens met onderscheidingsvermogen beschouwt het rijpen van *alle* vruchten als pijnlijk. Doordat de activiteiten van de guna's met elkaar conflicteren is het hele relatieve bestaan te beschouwen als een pijnlijk gebeuren.**

Had de kerk dan toch gelijk? Is dit ondermaanse bestaan dan toch een eeuwig tranendal? Is de mens dan toch geboren om te lijden aan de erfzonde, begaan door onze voorouders? Ik kan je geruststellen: de filosofie van de erfzonde is een product van de waaktoestand, een gebrekkige poging om een verklaring te vinden voor de ellende in de wereld. Het is ook niet zo dat Jezus' komst op aarde daar een eind aan gemaakt heeft. Dit moge blijken uit de gebeurtenissen op aarde gedurende de afgelopen twee millennia. **Het enige medicijn dat een eind kan maken aan deze driedimensionale nachtmerrie van de mensheid is de bewuste ervaring van de absolute en gelukzalige aard van ons ware Zelf.** Het 'probleem' hierbij is alleen dat iedereen dat voor zichzelf moet zien te verwerven. En dat bedoelde Jezus ook. Hij had het over het Koninkrijk der Hemelen dat te vinden is in ieder van ons.

Als we het heel scherp willen bekijken dan moeten we ook nog stellen dat die beeldspraak van Jezus wat ongelukkig gekozen was. **Hemelen zijn immers ook nog relatief, en relativiteit betekent altijd de mengeling van plezier en pijn.** Hij bedoelde het natuurlijk goed, en bij andere gelegenheden sprak hij over zijn identiteit met God en spoorde hij ons aan om dat ook te ervaren: "Weest volmaakt zoals God de vader ook volmaakt is". Oké, dan zitten we op een absoluut niveau, al realiseren de meeste mensen ook niet dat God absoluut is en identiek is aan onze eigen absolute essentie. **Als we het hebben over 'even volmaakt zijn als God de Vader' dan moeten we ook weer oppassen om niet verstrikt te raken in *deze* vorm van beeldspraak.** Zoals we al zo vaak hebben gesteld, is 'God' een ander woord voor het Absolute en Alomtegenwoordige Bewustzijn! Wiens bewustzijn? Ons aller! Jezus had het dus in feite over het Absolute niveau van zelfrealisatie. **In de Bhagavad Gita komt hetzelfde thema naar voren: van het relatieve bestaan *als zodanig* kunnen we geen blijvend geluk ervaren.** Willen we ons werkelijk goed voelen en gelukkig of tevreden zijn in alle omstandigheden, dan moeten we ons leren identificeren met datgene dat voorbij gaat aan alle relatieve niveaus van het bestaan. Krishna geeft daarom het volgende advies aan Arjuna: *'De veda's houden zich bezig met de guna's.* **Wees echter zonder de drie guna's,** *Arjuna, bevrijd van dualiteit, altijd gevestigd in zuiver bewustzijn, onafhankelijk van je bezittingen, altijd in het bezit van het Zelf'.* (B.G. Hfst. 2 vers 45) **En de volgende stap van zelfbevrijding is het handhaven van de toestand van transcendentaal bewustzijn tijdens het dagelijkse functioneren in de wereld van verschillen.** Daartoe zei Krishna: *'Yoga stha. kuru karmani' –'Verricht handelingen, terwijl je gevestigd bent in yoga, in eenheid'.* (B.G. Hfst 2 vers 48)

**Dit is inderdaad de essentie van zelfrealisatie. Het Zelf is *absoluut*, dus zo lang we dát niet ervaren, zolang we dáár niet bewust van zijn, zijn we per definitie niet onszelf!** Logisch dat we ons dan niet goed in ons vel voelen zitten. We moeten ons dan per definitie anders voordoen dan we zijn. Vervelend en heel vermoeiend op den duur. *'Just be'*, was dan ook het advies van Boeddha. Leer gewoon te *zijn*, dan word je je bewust van je transcendentale aard – voor altijd veilig thuis in een gebied dat voorbijgaat aan de dualiteit, aan de bron van je gedachten en gevoelens.

Het gevestigd raken in yoga, de eenheid van zuiver bewustzijn, heeft ook het voordeel dat latente indrukken geleidelijk aan opgelost worden zoals we in het vorige hoofdstuk zagen. Hierdoor kunnen we ons een hoop leed besparen, zegt het volgende vers.

**16. Het gevaar, dat nog niet gekomen is, kan vermeden worden.**

Gevaren in het verleden hebben we moeten doorstaan. Ook huidige gevaren moeten we het hoofd bieden. Alleen met betrekking tot mogelijk gevaar dat in het verschiet ligt zijn we in de gelegenheid ons preventief op te stellen. Ook hier zegt Patanjali weer dat voorkómen beter is dan genezen.

Waar komen gevaren vandaan? In de vorige soetra's werd uitgelegd dat ze het resultaat zijn van onze eigen handelingen. Is er dan nog een ontsnappingsroute mogelijk? Jazeker. Door ons te vestigen in onszelf, in gelukzaligheidbewustzijn, worden zaden van vroeger karma opgelost of verbrand, zoals in hoofdstuk een werd uitgelegd. Negatief karma dat tot ons terug zou keren als destructieve tendenzen, wordt geneutraliseerd of getransformeerd tot een zegening.

**Is er dan nog sprake van de wet van behoud van energie? Geldt de wet van karma dan nog wel? Jazeker. Door middel van meditatie en ander vormen van yoga hebben we er alleen een hoop positief karma tegenover gezet.** Het beoefenen van meditatie wordt van oudsher ervaren als een middel om heel veel goed karma te creëren. **Dit goede karma heft de effecten van slecht karma op!** Poëtisch gesproken kunnen we dit een proces van genade noemen. God redt ons van de dood, God bevrijdt ons van het lijden, God verlost ons van het kwade. Dit is absoluut juist en het is ook goed en weldadig om het zo te zien. Maar het is ook goed om jezelf eraan te herinneren dat je jezélf gered hebt van de dood en dat je jezélf verlost hebt van het kwaad en dat je jezélf bevrijd hebt van het lijden. Dit gebeurt spontaan doordat de goede daden van het heden, de effecten van domme daden uit het verleden opheffen, neutraliseren. De Wet van Karma is dus een heel flexibel, eerlijk en rechtvaardig systeem. Pas wanneer we de complete waarheid omtrent onszelf, God en de mechanismen van de schepping in ogenschouw nemen dan is de cirkel rond. Pas dan maakt alles 'sense'.

Pas in de eenheidsfilosofie zijn alle raadsels opgelost! **Pas wanneer we absoluut eenvoudig zijn geworden in denken, spreken en handelen, kunnen we de oneindige complexiteit van het leven begrijpen en doorzien!** We hebben immers niet voor niets zoveel tijd besteed aan meditatie en het vergaren van inzicht! **'Voor wat, hoort wat' is de gouden regel van de kosmische rechtvaardigheid. Verlichting, verlossing of bevrijding komt dan ook niet uit de lucht vallen: zoals alles, komt ook verlichting als vrucht van ons eigen handelen!** Maar wie is er de werkelijke, de wezenlijke verrichter van handelingen in dit heelal? Kunnen wij, kleine kwetsbare poppetjes, één vinger verroeren zonder dat God of de kosmische intelligentie het wil en ons de energie ervoor geeft en ons ertoe aanzet? Neen!

**Uiteindelijk is alleen de kosmische, alomtegenwoordige, alwetende en almachtige God, de alomtegenwoordige Creatieve Intelligentie verantwoordelijk voor wat er in de schepping gebeurt! God – de kosmische creatieve intelligentie – is zó creatief, dat het alles doet, zonder iets te doen! Dit is het beroemde Wu-Wei principe.** In de waaktoestand kunnen we ons dat moeilijk voorstellen ... Waar blijft immers onze geliefde vrije wil? En nog erger, waar blijft de individuele verantwoordelijkheid voor onze daden? Hoeft dan niemand meer verantwoording af te leggen voor zijn daden? Dit soort vragen zijn legitiem, maar komen voort uit de waaktoestand van bewustzijn. (In mijn boek Vrije Wil en Voorbestemming worden deze vragen helder beantwoord.) In ruimere, meer kosmische, goddelijke dan wel eenvoudige bewustzijnstoestanden lossen deze schijnbare tegenstrijdigheden zich probleemloos op. In dit stadium van het boek vertrouw ik er op dat jij als lezer deze gezichtspunten moeiteloos met elkaar kunt verzoenen. Zoals ik al eens eerder zei: **Kennis is gestructureerd in bewustzijn. Dit betekent onder meer dat kennis verschillend is in verschillende bewustzijnstoestanden!** Dezelfde werkelijkheid wordt door middel van andere ogen gezien en door middel van andere terminologieën geanalyseerd en verklaard.

Het grappige is echter dat alleen de meest eenvoudige bewustzijnstoestand – eenheidsbewustzijn – in staat is alles *echt* te analyseren en alles *echt* te verklaren! Alle verklaringen die voortkomen uit meer ingewikkelde bewustzijnstoestanden blijken vroeg of laat geen *echte* verklaringen te zijn maar slechts *schijnverklaringen*. Kun je me volgen? Mocht dat niet helemaal het geval zijn, dan is dat niet erg. Deel twee van *Inzicht is Alles* gaat over de groei naar eenheidsbewustzijn. Daar krijgen we dus een nog holistischer en completer inzicht in de werkelijkheid voorgeschoteld. Pas in eenheidsbewustzijn kunnen we met recht spreken van een compleet inzicht in de werkelijkheid. **Ware verlichting – geestelijke volwassenheid – betekent de uiteindelijke correctie van ons *zelfbeeld*, de uiteindelijke correctie van ons *Godsbeeld* en de uiteindelijke correctie van ons *wereldbeeld*.** Pas als we de *uiteindelijke eenvoud* van onszelf, van God en de wereld hebben begrepen en ervaren, begrijpen we wat wát is! Grappig hè?

**Is dan helemaal geen mysterie meer in het universum? Is er dan geen plaats voor magie? Juist wel! *Jij bent de magician*, de tovenaar, de wonderdoener.** Het hele proces is een wonder. De hele schepping is een wonder. Pure magie, alles! Elke atoom is een onbeschrijflijk wonder! Elke cel is een weergaloos complex wonder. Elke plant is een levend wonder. Elk dier is een zich zelf voortplantend wonder. Elke mens is een belichaming van een kosmisch wonder. Elke planeet is een duizelingwekkend, vliegend wonder. Elke ster is een levengevend wonder. **We hoeven alleen maar even stil te staan bij onze alledaagse ervaringen en we zien in dat de meest triviale dingen een onderschat en miskend wonder zijn.** Ooit las ik in een boek over biochemische processen dat er zich zes miljoen chemische reacties voordoen in onze arm, telkens wanneer we hem in een seconde naar boven heffen. Om maar een klein voorbeeldje te noemen.

Albert Einstein zei eens: "Er zijn twee manieren waarop je je leven kunt leven. **Eén manier is *niets* als een wonder te beschouwen. De andere manier is *alles* als een wonder te beschouwen".** Laten we ons die visie van Einstein ook maar eigen maken! Hij zelf zegt immers die tweede visie te hanteren. Inderdaad, een intelligente man!

**17. De identificatie van de ziener met het geziene is de oorzaak van het lijden dat vermeden kan worden.**

De ware aard van het subject – van ons zelf dus – is absoluut, eeuwig en onveranderlijk, maar in de gangbare waaktoestand herinneren we ons dat niet. We begrijpen dat ook niet, we zien dat eenvoudigweg niet in. Bewustzijn identificeert zich automatisch met datgene waar het zijn aandacht op richt. Ervaren we alleen het lichaam en de geest met al zijn aandoeningen, dan zien we onszelf als sterfelijk, kwetsbaar en in lijden.

Hoe kunnen dan het toekomstige lijden vermijden? Door de oorzaak ervan te elimineren. **Wat is de oorzaak van het lijden? Onze identificatie met de objecten van waarneming.** We worden als het ware overschaduwd door de waarnemingen die we hebben. We bevinden ons in een bioscoop. Op het doek wordt een dramatische film geprojecteerd. Doordat we ons identificeren met de acteurs op het doek voelen wij wat zij voelen. We vergeten even wie we zelf zijn. De volgende negen soetra's werpen meer licht op deze wonderlijke relatie tussen subject en object en laten ons zien hoe we *onszelf* kunnen bevrijden van de conflicterende interacties die het relatieve bestaan nu eenmaal kenmerken.

**18. Het relatieve bestaan wordt gevormd door de drie guna's. Zij nemen de vorm aan van de natuurlijke elementen en de zintuigen. Het doel van de schepping is om ons van ervaringen te voorzien en ons naar bevrijding te leiden.**

De drie guna's, *rajas*, *sattva* en *tamas* kunnen gezien worden als de drie fundamentele krachten van de natuur. Ze hebben te maken met de drie fasen waar elke schepping (groot of klein) doorheen gaat: 1) creatie, 2) handhaving en 3) verval. Creatie vertegenwoordigt het *sattva* principe, handhaving het *rajas* principe en verval het *tamas* principe.

De drie guna's komen altijd voor in combinatie met elkaar. Elk onderdeel van de schepping bevat creativiteit (*sattva*), activiteit (*rajas*), en destructiviteit (*tamas*). Deze driedeling vinden we terug op alle niveaus van de schepping, geestelijk, mentaal, emotioneel en fysiek.

Ze worden ook de drie componenten van *Prakriti* (Natuur) genoemd. **In de vedanta literatuur kwam ik eens een leuke beeldspraak tegen, die de aard en werking van de drie guna's op grappige maar diepgaande wijze demonstreert.** Drie rovers overvallen een man in het bos. De eerste rover, Tamas, probeert hem te doden. De tweede rover, Rajas, overtuigt Tamas ervan dat het beter is om hem niet te doden. Hij bindt de man vast aan een boom en berooft hem van al zijn geld. De derde rover, Sattva, bevrijdt de man en brengt hem naar de rand van het bos, en zet hem op het pad naar de vrijheid.

Zo zorgen de drie guna's dus voor alle ups en downs van het relatieve bestaan. Ze vormen de M van de totale werkelijkheid die zoals we weten door OM wordt aangeduid. De "M" wordt nu eenmaal gevormd door golfbewegingen. Dat geeft aan dat het leven doorgaans als een soort rollercoaster trip wordt ervaren ... totdat men tot innerlijke stabiliteit komt, in de ervaring van de oorsprong van het relatieve bestaan, de "O".

Je zou je af kunnen vragen waarom Sattva ook tot de groep van rovers behoort ... Wel dat komt omdat de hele relatieve werkelijkheid ons als het ware berooft van de ware levensvrijheid, die alleen te vinden is in het absolute Zelf, dat voorbij de drie guna's bestaat.

In de Bhagavad Gita wordt aard en de werking van de drie hoedanigheden, die alles en iedereen doordringen, ook goed verklaard en worden we aangespoord om een toestand van bewustzijn te ervaren, die vrij is van de drie guna's. (Zie ook soetra 16 van hoofdstuk 1 en het commentaar daarop.) **Het spel van de guna's – het hele relatieve bestaan – heeft volgens deze soetra een heel positief doel: het geven van ervaringen en het leiden naar bevrijding.** Problemen en leed horen dus niet bij het doel? Inderdaad. Ze zijn bedoeld als stimulans om een andere richting op te gaan. Vergelijk het commentaar op soetra 14 van dit hoofdstuk.

**19. De drie guna's functioneren op alle niveaus van de schepping: van specifiek tot algemeen, van het gedifferentieerde tot het onge-**

**differentieerde.**

Een andere vertaling van de hier genoemde niveaus van de schepping zou kunnen zijn: van grof tot subtiel, van het materiële tot het onmanifeste. Het komt op hetzelfde neer. De guna's zijn overal werkzaam.

**20. Onze subjectiviteit bestaat uit zuiver bewustzijn. Bewustzijn is de waarnemer van al het zichtbare. Ook gedachten zijn een object van waarneming.**

In de gewone waaktoestand vermengt het bewustzijn zich als het ware met de objecten van waarneming. Dit kan vergeleken worden met de aard van melk. Melk bestaat uit water, gemengd met vet en caseïnebolletjes. Het is moeilijk te vast te stellen waar de melk ophoudt en het water begint. Zo kunnen we ook moeilijk aangeven waar bewustzijn ophoudt en de geest begint. Geest is gewoon bewustzijn in beweging. Volgens een vedisch verhaaltje is er een legendarische zwaan die in staat is de melk uit het water te filtreren. Deze zuivere witte zwaan staat symbool voor ons onderscheidingsvermogen.

Enkel de informatie over de absolute aard van zuiver bewustzijn ten opzichte van de altijd veranderende wereld der verschijnselen kan een verrijking van de waaktoestand teweegbrengen. Dit is dan ook de hele bedoeling van yoga. **Ook volgens de vedanta-filosofie van de Oepanishaden is alléén het Atma het waard om intellectueel te aanschouwen, om over te horen, over na te denken en om jezelf mee te identificeren – *'Atma va are, drishtavyah, shrotavyah, mantavyah, nididhyasitavyah!'***

**21. De objectieve wereld der verschijnselen bestaat slechts om het Atma (het subject) van dienst te zijn.**

Hier wordt een absolute tweedeling geschetst tussen ons bewustzijn en de manifeste schepping. Het inzicht in dit absolute onderscheid vormt een noodzakelijk stadium in de volledige ontplooiing van ons bewustzijn. Dit inzicht vormt een grote mijlpaal in de evolutie van ons bewustzijn. Zodra onze identificatie met de schepping ophoudt, zijn we immers vrij! Vandaar uit gaat onze evolutie weerstandsloos verder. **Het vedische wereldbeeld is niet geocentrisch noch heliocentrisch, het is atmacentrisch!** Net als dat van Loesje, die eens zei: *'Waarom hollen, de wereld draait toch om jou!* **Het kosmische zelf, het zelf van alle wezens, schept de wereld vanuit zichzelf, door zichzelf en voor zichzelf. Hierover te contempleren maakt je bewustzijn vanzelf kosmisch!** Jouw bewustzijn is immers altijd al dat kosmische bewustzijn, of je dat nu weet of niet. Door hierover na te denken kom je vanzelf achter die eeuwige en universele waarheid.

**22. De verbinding tussen de ziener en het geziene houdt op te bestaan voor de verlichte ziener, maar zij blijft bestaan voor de overige mensen.**

**Het bewustzijn van de verlichte mens – eigenlijk kunnen we beter spreken van de 'geestelijk volwassen mens' – is *zelf* refererend. Het bewustzijn van degenen die zichzelf niet kennen – en dus per definitie nog niet geestelijk volwassen zijn – is *object* refererend.** Dit is het enige onderscheid tussen vrijheid en gebondenheid, tussen een wetende mens en een onwetende mens. Het bijzondere van de zelfervaring is overigens dat – als men hem helder heeft – men zich verbaast dat men dat nooit eerder zo heeft ervaren. **Het Zelf is immers niets nieuws.** De objecten blijven ook dezelfde. Het enige dat wegvalt is een illusoire, onduidelijk gedefinieerde, vaag gevoelde identificatie met het ziel-geest-lichaam-systeem, ofwel met de persoonlijkheid, met het ego van de persoonlijkheid. Wanneer je bewust wordt van het feit dat je in wezen de ziener bent en niet het geziene, dan ben je er automatisch van bewust dat jij de manifeste werkelijkheid als het ware van buiten af observeert. **Jij bent jezelf, de wereld is de wereld.** Dat is het eerste en doorslaggevende niveau van absolute bevrijding waarnaar elke individuele ziel van nature tendeert. Elke golf tendeert ernaar bewust te worden van zijn basis en essentie. De onbegrensdheid van de oceaan voelt heel gelukzalig aan! Dit is de ervaring van het Koninkrijk der Hemelen binnen in je, waar Jezus het over had.

**23. Het subjectieve Zelf identificeert zich met de objectieve wereld teneinde de ware aard van zichzelf *in* de wereld te leren kennen.**

Ook zonder de schepping was het Zelf het Zelf. Het dacht bij zichzelf: ik wou dat ik uit velen bestond, dan konden we samen spelen. Dit is de uiteindelijke verklaring van waarom er überhaupt een schepping ontstaan is. **Het abstracte Geluk wil manifest geluk worden! Deze oerimpuls van het bewustzijn om zichzelf als het ware te verdelen en te vermenigvuldigen wordt mooi en bondig uitgedrukt in de Oepanishadische uitdrukking:** *'Eko'ham, bahu syaam'* – 'Ik ben één, moge ik vele zijn'. Vergelijk het ko(s)mische gedichtje van Godfried Bomans: *Ik zit me voor het vensterglas hier stierlijk te vervelen. Ik wou dat ik twee hondjes was, dan kon ik samen spelen!* Grappig hoe zo'n alledaags huiselijk gedichtje een kern van kosmische waarheid bevat!

**Dus het Ene Zelf schept vanuit zichzelf, vóór zichzelf en door zichzelf de veelheid van het manifeste bestaan.** Daardoor bevindt het abstracte, onmanifeste Bewustzijn zich als het ware omgeven door een oneindig complexe manifeste wereld. **De soetra zegt vervolgens dat het Zelf een soort kosmische uitdaging voor zichzelf heeft geschapen, namelijk om *in* die oneindige veelheid zijn *originele eenheid* waar te nemen.** Voor deze uitdaging wordt elke individuele ziel gesteld! Alle individuele 'zelven' staan voor de uitdaging om hun gemeenschappelijke eenheid in te zien of om zich deze eenheid te herinneren. Je kunt ook zeggen dat de relatieve wereld een soort kosmische spiegel voor het absolute Zelf vormt. De wereld is tenslotte de manifestatie van het Zelf. Aangezien het Zelf een oneindig reservoir is van creativiteit en intelligentie, kenmerkt alles in het relatieve bestaan zich door creativiteit en intelligentie. **Elk object in het heelal, groot of klein, 'goed' of 'slecht' weerspiegelt de creatieve en intelligente aard van het kosmische bewustzijn dat door religies God wordt genoemd.**

**Door diep door te dringen in de aard van materie komt de mensheid geleidelijk aan tot de conclusie dat het basisingrediënt van de schepping *bewustzijn* is.** Max Planck zei in 1929 al: "Bewustzijn is primair, materie secundair". Verder zei hij: "Materie is definitief niet samengesteld uit materie." Door diep door te dringen in de aard van materie komen we tot het inzicht dat het uit energie bestaat (Kwantenmechanica). Vervolgens beseffen we dat de energieën de vibraties zijn van een onderliggend veld (Kwantum veld theorie). Ten slotte komen we tot het inzicht dat alle kwantumvelden verschillende aspecten zijn van één onderliggend veld – het verenigde veld – dat tegenwoordig het Superstring veld wordt genoemd. Dit ene veld is de oorsprong en essentie van de hele materiële schepping. Dit ene veld is het veld van bewustzijn. Door één van de twee – bewustzijn dan wel de materiele schepping – volledig te kennen, kent men de andere ook. **De *gemakkelijkste* manier om beide te begrijpen is om de aard van bewustzijn te begrijpen.** Daarvoor hoef je namelijk niet ver van huis te gaan of moeilijke berekeningen te maken. Hier zijn geen dure machines, grote telescopen, gevaarlijke deeltjesversnellers, et cetera, voor nodig. Je kunt het doen zonder iets te doen: relax, ontspan en realiseer je eigen onbegrensde aard. **'Ken datgene waardoor alles gekend wordt' zeggen de Oepanishaden.** Ik voeg daar graag aan toe: 'Geniet van datgene waardoor alles genoten wordt' of: 'houd van datgene waardoor je van alles gaat houden'.

## 24. De oorzaak van de (schijnbare) identificatie is onwetendheid.

*'Avidya'* staat voor onwetendheid omtrent ons eigen bewustzijn. We weten als mensen zó veel: natuurkunde, scheikunde, wiskunde, computerscience, astronomie, theologie et cetera. Maar als we niet weten wie of wat zoveel kennis bezit, dan blijft alle kennis zonder basis, zonder centrum, zonder duidelijk referentiekader. Het Zelf is de grote witte plek op de landkaart van de mensheid. Het Zelf voor de mens is als het water voor de vis. **Het water is zo transparant, zo kleurloos, zo reukloos, zo gewoon en zo door en door alomtegenwoordig, dat de gemiddelde vis, die bezig is met proberen te overleven, de aanwezigheid van het water gewoonlijk over het hoofd ziet. Precies zo**

is het met het Zelf. Wanneer we dus als het ware onbewust zijn van ons zelf, dan zijn we alleen maar bewust van de objectieve, altijd veranderende relatieve schepping. Eerder zagen we al dat het de basisaard van bewustzijn is om zich te identificeren met wát het ook maar ervaart. Aldus kun je zeggen dat identificatie met de objectieve, manifeste verschijnselen het gevolg is van onwetendheid omtrent onze ware aard.

**Let wel, het probleem zit hem dus niet in de identificatie als zodanig! Het 'probleem' zit hem in het *niet* bewust zijn van de waarheid omtrent onszélf.** Identificatie met de objectieve verschijnselen, zegt de soetra, is een natuurlijk gevolg van onze onwetendheid omtrent de aard van ons eigen bewustzijn. **We zouden een grote blunder begaan door identificatie als zodanig de schuld te geven van ons lijden.** We zouden een blunder begaan als we de identificatie direct te lijf zouden willen gaan en zouden proberen haar direct te bestrijden of te elimineren. Dat zou onze verwarring alleen nog maar vergroten. We doen er beter aan het probleem bij zijn wortel aan te pakken: onze onwetendheid. **Telkens wanneer er in de vedische literatuur (en dus ook in dit boek) sprake is van *onwetendheid*, dan doelt men niet op analfabetisme of zoiets, maar men heeft het over de onwetendheid omtrent onze eigen oorsprong, onze eigen essentie, ons eigen bewustzijn.** Het basispunt van de vedische wijsheid is heel eenvoudig: Zolang we onszelf niet kennen, kunnen we ook niet de ware aard der manifeste wereld begrijpen. **Wij zijn immers als ziel-geest-lichaam-systeem een willekeurig onderdeel van de manifeste wereld! Als we niet eens ons zelf kunnen doorgronden, wat doet ons dan geloven dat wij wel iets of iemand anders zouden kunnen doorgronden?!** Dus het basisaxioma der vedische wetenschap is dat zelfkennis – kennis van ons ware Zelf – de sine qua non is voor adequate kennis van een willekeurig onderdeel van de manifeste schepping en van de schepping als geheel. Zonder kennis te hebben van ons ware Zelf is onze kennis van de relatieve verschijnselen op zijn best onvolledig en in de praktijk blijkt dat het zelfs gevaarlijk is (zie de dagelijkse nieuwsbulletins). Dit wordt een leven in onwetendheid genoemd. **Door onwetend te zijn over de ware aard van ons bewustzijn zijn we automatisch onwetend omtrent de ware**

aard van de materie, daar die uiteindelijk gevormd wordt door en samengesteld is uit ons eigen, onmanifeste, alomtegenwoordige bewustzijn.

**25. Wanneer onwetendheid ophoudt te bestaan, dan houdt de identificatie met de wereld op te bestaan. De ziener is dan verenigd met zichzelf. Hij is een ondeelbare eenheid geworden.**

Eenheid of heelheid wordt enkel aangetroffen op het niveau van bewustzijn. Zodra we onze aandacht naar de objectieve wereld richten worden we ons gewaar van de bovengenoemde dualiteit en veelvuldigheid. De wereld der verschijnselen is zó kleurrijk en zó fascinerend dat we er helemaal in op kunnen gaan, en daardoor onszelf neigen te vergeten. Het enkelvoudige Zelf wordt dan *als het ware* versnipperd in de wereld van de 1000 en één dingen. Door identificatie met de veelheid krijgen we de indruk en ook het gevoel zélf verdeeld te zijn. **Op den duur wordt deze ervaring ál te oncomfortabel en zo geeft Moeder Natuur ons een hint dat het de bedoeling is om verenigd en heel te worden – om thuis te komen bij ons Zelf.** Door zelfkennis te ontwikkelen gaat het ego steeds meer samenvallen met het Zelf. De schijnbare barrière tussen het ego en het Zelf wordt geleidelijk aan gereduceerd tot niets. De illusoire scheidslijn hoort op te bestaan. Wij worden tot datgene dat we altijd geweest zijn: Absoluut Gelukzaligheids Bewustzijn. Dat is de toestand van yoga: eenheid of integratie.

**26. Onwetendheid wordt vernietigd door voortdurend het onderscheid waar te nemen tussen het Zelf en de wereld.**

Door ons bewust te blijven van het feit dat wij de waarnemer zijn van de hele wereld, inclusief onze eigen persoonlijkheid, blijven we gevestigd in samadhi, ook tijdens onze dagelijks werkzaamheden. Let wel, we zijn *altijd* de waarnemer van de wereld der verschijnselen maar op een of andere mysterieuze manier zien we dit basisgegeven gemakkelijk over het hoofd. We hoeven niet te leren om 'stille getuige' te zijn van de verschijnselen ... we zijn dat al! Maar omdat we opgeslokt worden door de zintuiglijke ervaringen verliest onze subjectiviteit zijn zelfstandige status. **Verlicht of verlost worden is dus eenvoudigweg het weer bewust worden van iets dat er altijd is geweest en dat er altijd zijn zal.**

**Shankara, een gevierd ziener in India, placht ook te zeggen dat de visie van de getuige nimmer afwezig kán zijn.** Zelfs in diepe slaap is er nog een stille getuige aanwezig. Een klein waakvlammetje van ons bewustzijn blijft immers registreren hoe we slapen en daarom herinneren we ons 's morgens of we diep of oppervlakkig, stil of woelig hebben liggen slapen. Hetzelfde geldt voor de droomtoestand. We zijn altijd de toeschouwer van de droom en daarom kunnen we hem dikwijls 's morgens ook herinneren. In de waaktoestand is de getuige ook altijd aanwezig. Dat hoort nu eenmaal bij ons mens zijn. **We zijn zó gebouwd, dat we niet alleen denken, spreken en handelen, maar we zijn ons ook bewust van het feit dat we denken, spreken en handelen.** Bewust te zijn of niet bewust te zijn van jezelf als getuige is slechts een minutieus verschil. Toch is het dit kleine innerlijke verschil dat aan de basis ligt van een geweldige opbloei van de rest van ons innerlijk potentieel. De volgende soetra hint hiernaar.

**27. Er zijn zeven stadia in de ontwikkeling van het volle potentieel van bewustzijn.**

Drie hiervan hebben we zojuist beschreven: slapen, dromen en waken. Maar de ervaring van samadhi, die ook uitvoerig beschreven is, is niet onder te brengen in de eerste drie. Zij wordt van oudsher *'turiya'* genoemd, hetgeen betekent 'de vierde'. Het is de vierde bewustzijnstoestand die we aanvankelijk af en toe ervaren in meditatie, of tijdens de overgang van waken naar slapen, of van slapen naar waken. **De vierde toestand van bewustzijn, door Patanjali *'samadhi'* genoemd, is de simpelste vorm van menselijke bewustzijn zoals we hiervoor al gezien hebben.** Juist omdat zij zo simpel is en volmaakt abstract, kan zij aanwezig blijven tijdens de drie veranderlijke toestanden van bewustzijn, slapen, dromen en waken.

**Maar als we dan permanent bewust zijn van onze eigen subjectiviteit, ook tijdens het slapen, dromen en waken, dan is er een nieuw en vijfde niveau van bewustzijn geboren.** De vijfde bewustzijnstoestand kenmerkt zich door de ervaring van een constante factor – jezelf – te midden van de altijd veranderende omstandigheden. De toestand wordt met vele namen aangeduid: moksha, kaivalya, nirwana, bevrijding, verlossing, verlichting, eeuwigheidbewustzijn, kosmisch bewustzijn et cetera.

Dit klinkt al behoorlijk 'hoog ontwikkeld' in de oren, maar Patanjali zegt dat er nog twee stadia meer bestaan. **Het flatgebouw van het menselijk bewustzijn heeft zeven verdiepingen.** De zesde verdieping ontstaat wanneer kosmisch bewustzijn zich verfijnt. In de toestand van eeuwige en absolute vrijheid (vijfde bewustzijnstoestand) voelen we ons volkomen veilig, we zijn immers thuisgekomen. Dan kan er iets moois gebeuren: ons hart gaat open en onze appreciatie voor de schepping kan tot bloei komen. Dan ontstaat er een soort romance tussen het kleine zelf en het grote Zelf – een 'goddelijke romance' zoals Yogananda dat mooi beschrijft.

Dus wanneer we in kosmisch bewustzijn oog krijgen voor de goddelijke bedoeling die in alles en iedereen tot uitdrukking komt en we krijgen inzicht in het mechanisme van de schepping dan spreken we van een nieuwe bewustzijnstoestand. Deze zesde bewustzijnstoestand wordt godsbewustzijn genoemd. Je bewondert de schepping zó zeer dat je verliefd wordt op de "maker" van het geheel. **Maar dat is niet het eind van de groei van je bewustzijn, daar je nog steeds in een soort dualiteit gevangen bent.** Het hoogtepunt van de evolutie van bewustzijn bestaat eruit dat je inziet en ook ervaart dat jouw absolute essentie – jouw ware zelf – ook de essentie is van alles en iedereen! Dit is het kenmerk van de zevende toestand van bewustzijn. Eenheidsbewustzijn is de passende naam voor deze toestand van volkomen inzicht, want we zien de eenheid te midden van alle verscheidenheid. We weten ons *in wezen* één met alles en iedereen! De volgende soetra vertelt ons hoe we de ontwikkeling naar eenheidsbewustzijn kunnen bevorderen.

**28. De beoefening van de acht ledematen van yoga lost onzuiverheden op en ontsteekt het licht van zuiver bewustzijn waardoor een totaalinzicht in het leven wordt verworven.**

De acht aspecten van de beoefening van yoga worden door Patanjali *'anga's'* (ledematen) genoemd. Ledematen kenmerken zich door het feit dat zij zich alle tegelijkertijd ontwikkelen. Ledematen zijn per definitie onderdelen van een groter geheel. Gedurende vele eeuwen is Patanjali op dit essentiële punt verkeerd geïnterpreteerd. De term *'anga'* uit deze soetra wordt gewoonlijk vertaald met stadium, of trede, of stap. Tot op de dag van heden spreken de meeste yoga scholen – zowel in oost als in west – van de acht *stadia* van yoga. Hierdoor wordt de beoefening van yoga omgevormd tot een onmogelijke opgave. Het is ten enenmale niet mogelijk om de acht ledematen ná elkaar te ontwikkelen. De acht ledematen, opgesomd in de volgende soetra, zijn bedoeld om alle acht gelijktijdig beoefend te worden.


**29. De acht ledematen zijn: inachtnemingen, leefregels, lichaamshoudingen, ademhalingsoefeningen, terugtrekking van de zintuigen, standvastig maken van de geest, meditatie en geestelijke absorptie.**

Het is wellicht interessant om de namen van de acht aspecten van de heelheid van het leven in het Sanskriet te leren kennen:
*Yama* – inachtnemingen – heeft betrekking op het leven volgens de natuurwet. Yama heeft betrekking op hoe we met de wereld omgaan.
*Niyama* – leefregels – heeft betrekking op het cultiveren van een aantal deugden. Niyama heeft betrekking op hoe we met onszelf omgaan.
*Asana* – lichaamshoudingen – heeft betrekking op oefeningen die de coördinatie tussen lichaam en geest verhogen.
*Pranayama* – ademhalingsoefeningen – bewerkstelligen een verfijning van het zenuwstelsel en stabiliseren het geestelijke functioneren.
*Pratyahara* – terugtrekking van de zintuigen – heeft betrekking op de beheersing van de zintuigen door ze van binnen uit te voeden.
*Dharana* – standvastigheid van de geest – heeft betrekking op het

vermogen de geest naar wens te focussen op één punt.
*Dhyana* – meditatie – heeft betrekking op het verfijnen van de activiteit van de geest. Het tot rust komen van geestelijke activiteit.
*Samadhi* – gevestigd intellect – verwijst naar een toestand van geestelijke absorptie waarin we uiteindelijk ons zelf ervaren als zuiver bewustzijn.

**De volgende dertig soetra's geven een nadere uitleg van deze acht ledematen van de heelheid van het leven. De uitleg van de eerste vijf ledematen vormt een onderdeel van dit onderhavige hoofdstuk twee, terwijl de laatste drie ledematen in hoofdstuk drie behandeld worden.** (dus in deel twee van 'Inzicht is Alles')

**30. De vijf inachtnemingen – yama's – zijn:**
**Satya** – waarachtigheid
**Ahimsa** – geweldloosheid
**Asteya** – zelfgenoegzaamheid, niet stelen
**Brahmacharya** – leven vanuit de heelheid
**Aparigraha** – vrijheid van hebzucht, onthechtheid

Graag wil ik je erop attent maken dat de genoemde vijf eigenschappen eenvoudigweg eigenschappen zijn van het *Atma*, van ons bewustzijn als zodanig. **Dus door ons bewust te worden van ons bewustzijn ervaren we dat de genoemde vijf eigenschappen spontaan groeien in ons leven.** Wanner we deze vijf wenselijke eigenschappen op een rechtstreekse manier willen gaan ontwikkelen, dan loopt dat gewoonlijk op een teleurstelling, op frustratie en schuldgevoel uit. Met name als je weet dat *Brahmacharya* eeuwenlang verkeerd vertaald werd als 'celibatair leven'. De geschiedenis heeft geleerd dat wanneer we deze vijf eigenschappen op een krampachtige manier gaan nastreven, we in een kramp terechtkomen ... Op zijn minst worden we dan schijnheilig en onnatuurlijk. De ineffectiviteit van een dergelijke benadering is in de loop der eeuwen wel gebleken. Zij vormde een vast onderdeel van de wereldreligies. Patanjali's benadering is veel wetenschappelijker!

De acht ledematen van yoga zijn de acht levensgebieden waarin ons leven geleefd wordt. Je kunt ze zien als acht concentrische cirkels. De vijf yama's vormen de periferie en samadhi vormt het middelpunt. **Maar het mooie van het leven is nu dat het holistisch van aard is.** Daarom is het zo dat de ontwikkeling van *'Samadhi'* gelijk op gaat met de ontwikkeling van *'Satya'*. Sterker nog, het zijn twee aspecten van hetzelfde ontwikkelingsproces dat leven heet. ***Samadhi* is niet denkbaar zonder *Satya*, of zonder een van de overige yama's. En de yama's zijn ondenkbaar, c.q. blijven onhaalbare idealen, zonder de ervaring van samadhi.**

Kun je je voorstellen in welk een onpraktisch licht de beoefening van yoga komt te staan wanneer je jezelf of andere mensen voorhoudt dat je eerst de vijf yama's moet beheersen alvorens verder te mogen gaan met de beoefening van de vijf niyama's, et cetera? (zie soetra 32)

**31. De vijf yama's (inachtnemingen) zijn universeel geldig, ongeacht tijd, plaats, sociale status of omstandigheden. Tezamen vormen zij de altijd en overal geldige wet van het leven.**

De vijf yama's zijn de uitdrukking van het kosmische bewustzijn. **Ze zijn de vijf kenmerken van hogere bewustzijnstoestanden.** Zij vertegenwoordigen dus een ideaal waarnaar de gehele mensheid zich kan richten. Zolang men deze vijf kwaliteiten nog niet geïncorporeerd heeft in denken, spreken en handelen is dat een teken ervoor dat men nog niet volledig ontwikkeld is. Men is nog bezig mens te worden. **De vijf yama's zijn dus vijf criteria waaraan we de groei van eenheidsbewustzijn kunnen afmeten.** Laten we dit nader uitdiepen:

*Waarachtigheid* leven we spontaan zodra we gevestigd zijn in ritam bhara pragya, zoals we eerder gezien hebben.

*Geweldloosheid* leven we spontaan zodra we gevestigd zijn in het besef dat 'de ander' een andere manifestatie is van onszelf. Zoals Jezus ook zei vanaf zijn niveau van eenheidsbewustzijn: 'Heb uw medemens lief zoals u uzelf liefheeft'. **De tien geboden kunnen overigens ook beter opgevat worden als een maatstaf waaraan we *de groei van bewustzijn kunnen afmeten,* in plaats van gedragsvoorschriften. Als we ze opvatten als instructies voor ons gedrag, dan raken we hopeloos gefrustreerd. De geschiedenis heeft dat inmiddels voldoende aangetoond. Hetzelfde geldt voor de yama's. Indien we gaan *proberen* de yama's in praktijk te brengen, dan spannen we het paard achter de wagen en dit leidt tot verwarring, frustratie en chaos.

*Zelfgenoegzaamheid* leven we zodra we ons bewust zijn geworden van onze oneindige waarde, onze goddelijke aard. Dan pas hebben we voldoende zelfvertrouwen. *Asteya* betekent letterlijk 'niet stelen'. Pas wanneer we gevestigd zijn in de onbegrensdheid en gelukzaligheid van het Zelf, zijn we bevrijd van de neiging om ons op onrechtmatige wijze dingen toe te eigenen. Zij het alleen al in de vorm van onze identificatie met ons ziel-geest-lichaam-systeem!

*Leven vanuit de heelheid* is de juiste vertaling van *brahmacharya*. Vroegere commentatoren hebben dit vertaald met 'celibaat', hetgeen het hele idee op zijn kop zet. **Men dacht namelijk dat men hogere bewustzijnstoestanden kon ontwikkelen door celibatair te leven. Een zeer droevig misverstand dat miljoenen oprechte zoekers in de problemen heeft gebracht!** Hooguit het omgekeerde is waar: Door het interne huwelijk te genieten tussen het ego en het Zelf, kan de natuurlijke en spontane vorm van een celibatair leven zich manifesteren. **Elke vorm van *proberen* celibatair te leven is gedoemd te mislukken en levert alleen maar stress op voor de betrokkene zelf en zijn medemensen.**

*Onthechtheid* duidt op het achterwege blijven van hebzucht. Aparigraha betekent letterlijk: geen hebzucht. Dit leven we spontaan wanneer we vervuld zijn in de ervaring van *sat-chit-ananda*, want we weten dat het universum ons altijd datgene zal verschaffen wat we nodig hebben. Bewustzijn, het ware Zelf is van nature geheel onthecht. Het heeft dan ook geen zin om te ***proberen onthechting te beoefenen*** door geld of goederen weg te geven of je doelbewust los te maken van je gezinsleden. Dit zou weer een grove misinterpretatie zijn van *'aparigraha'*. **Onthechtheid duidt enkel op een bewustzijnstoestand.** Zelfs te midden van luxueuze bezittingen en omgeven door een liefdevolle partner en kinderen, kunnen we genieten van een toestand van niet-gehecht zijn, en vrij zijn van elke vorm van hebzucht. In feite is dit dé manier om echt van je familieleden, of geld en goederen te genieten! **De weg naar verlichting (geestelijke volwassenheid) is de weg van toenemende overvloed, toenemend geluk, toenemend plezier en toenemende vreugde.**

*Aparigraha* betekent dus niet dat we als bedelaars door het leven moeten gaan. **Integendeel, we leven zo'n prachtig niveau van innerlijke en uiterlijke overvloed dat we weten dat we *niets* te kort komen en we weten ook dat het in de toekomst ons nooit aan iets zal ontbreken.** Aparigraha ontstaat spontaan van binnen uit, zodra we ervaren wat Jezus bedoelde met: "Zoekt eerst het Koninkrijk der Hemelen in u, en al het andere zal u worden toegeworpen". Zodra we bewust worden van onze *innerlijke* overvloed, vertrouwen we erop dat deze zich zal manifesteren in de buitenwereld. Dit inzicht is dan ook een geïntegreerd onderdeel van de hogere bewustzijnstoestanden waar we het hier over hebben.

**32. De vijf leefregels – niyama's – zijn:**
**Shaucha** – *zuiverheid*
**Santosha** – *tevredenheid*
**Tapas** – *soberheid, zelfdiscipline*
**Svadhyaya** – *zelfstudie*
**Ishvara pranidhana** – *overgave aan God*

Ook hier geldt weer dat deze vijf deugden inherente kwaliteiten zijn van bewustzijn als zodanig, van ons Zelf. Dus als we menen dat we ons best moeten doen om deze kwaliteiten te ontwikkelen, dan komen we van een koude kermis thuis. Elk proberen houdt een krampachtigheid in. Dat is nou precies wat we niet kunnen gebruiken als we deze deugden willen later opbloeien in ons leven. De Nederlandse ziener en verhalenverteller Willem de Ridder wist dit principe eens pakkend te verwoorden. Hij zei in dit verband: **'Je moet niets proberen te willen, waar een** *wil* **is is een** *omweg!'* Om onze eenheid met God te realiseren hoeven we ons alleen maar te ontspannen. **We hoeven immers niet een te** *worden* **met God, we** *zijn* **het al, we zijn dat altijd** *geweest* **en we zullen dat ook altijd** *blijven!* Het hele proces van de groei van bewustzijn, de groei van yoga, is dan ook samen te vatten in één begrip: 'jezelf *ont*-moeten'. Zie je de dubbele betekenis in van deze term?

Door jezelf te bevrijden van dwangmatigheden word je ontspannen en daardoor word je je automatisch bewust van je Zelf, je onbegrensde, goddelijke aard. **Het Zelf, je ware Zelf, is *van nature* zuiver, tevreden, sober, bewust van zichzelf en toegewijd aan God!** Wederom kunnen we dus stellen dat deze vijf deugden niet zozeer een pad naar verlichting vormen, maar kenmerken van verlichting (geestelijke gezondheid en geestelijke volwassenheid) zijn. **Ze zijn wederom een set criteria waaraan we de groei van ons bewustzijn kunnen afmeten.** Laten we dit in nader detail bekijken:

***Zuiverheid*** kun je nastreven op het niveau van gedachten, woorden, daden, het lichaam en de omgeving. Maar weet wel dat het relatieve bestaan nooit geheel zuiver te krijgen is! De bron van *echte* zuiverheid is ons eigen bewustzijn! Het leven zelf is absoluut zuiver. Het *Atma* is altijd en eeuwig zuiver. Doordat we léven, doordat we de belichaming van het *Atma* zijn, blijft ons lichaam en onze omgeving enigszins zuiver. Hoe méér levend we zijn, hoe meer we ons, net als zo iemand als Jezus, identificeren met het leven zelf, hoe zuiverder onze uiterlijke manifestaties worden.

***Tevredenheid*** is het gevolg van het vervullen van verlangens. Maar zodra een verlangen vervuld is komt er een nieuw, en groter verlangen op. Zuiver bewustzijn wordt ervaren als de vervulling van *alle* verlangens. Wanneer we in samadhi zijn, dan zijn we reeds tevreden vóórdat een verlangen wordt vervuld. **Het oprijzen van een golf van verlangen wordt dan ervaren als een manifestatie van onze toestand van vervulling. We voelen ons al vervuld terwijl we bezig zijn relatieve verlangens te vervullen. Dat is overigens *de* universele techniek voor het vervullen van al je relatieve verlangens.** Ook Jezus had het hierover toen hij de mensen leerde bidden. Hij benadrukte de noodzaak innerlijk **zeker te weten dat God jou datgene zal geven waar je om vraagt.** Hij zei: "Vraagt en u zal gegeven worden, klopt en de deur zal worden opengedaan." **Het leven wordt pas een ware vreug-**

**de wanneer we leren in de toestand van vervulling getuige te zijn van hoe onze verlangens automatisch worden vervuld** ... Dit wordt onze levenservaring in de toestand van geestelijke volwassenheid. Met andere woorden: Zo is het leven oorspronkelijk bedoeld door de kosmische Creatieve Intelligentie! Zij doet alles, zonder iets te doen. Geen mens kan de natuurlijke evolutie naar deze ideale gang van zaken stoppen! Gods wil is onoverwinnelijk ...

*Soberheid* is de vertaling van tapas. Het staat voor het volgen van een gezonde mate van zelfdiscipline. Ziel, geest en lichaam varen er wél bij wanneer we leren maat te houden, wanneer we zo weinig mogelijk overdrijven. Maar ook hier geldt: het vermogen om extremen te vermijden is recht evenredig aan de ontwikkeling van ons bewustzijn. **We kunnen moeiteloos extremen vermijden wanneer we gevestigd zijn in de voldoening van Zelfbewustzijn.** Deze en de twee volgende niyama's waren het onderwerp van de eerste soetra van dit hoofdstuk. Daar werden ze gepresenteerd als middelen om samadhi te bestendigen. Dit zijn ze dan ook omdat het kwaliteiten zijn van zuiver bewustzijn. Door ons op de evolutionaire kwaliteiten van het Atma af te stemmen, verlevendigen we deze in ons dagelijkse leven.

*Zelfstudie* – het zelf bestudeert voortdurend zichzelf, en ontdekt steeds mooiere, goddelijke en wonderbaarlijkere waarheden omtrent zichzelf. We hoeven alleen maar mee te stromen met deze natuurlijke tendens van het leven om meer en meer bewust te worden van zichzelf. Bewustzijn is per definitie zelfrefererend – het is altijd betrokken op zichzelf. Zijn *is* bewustzijn. Bewustzijn is het enige element in de schepping dat bewust is van zichzelf. **Zelfs de veel besproken kunstmatige intelligentie is in het geheel niet bewust van zichzelf! Alleen bewustzijn kan weten wat bewustzijn is!** Door ons af te stemmen op de natuurlijke impuls van bewustzijn om bewust te zijn van zichzelf, leren we onszelf steeds beter kennen. Door zelfstudie – door de objectieve waarnemer te worden van ons ziel-geest-lichaam-systeem – wordt ons zelfbeeld steeds accurater en steeds completer en zo komen we vanzelf terecht bij ons ware Zelf. Met andere woorden, onze zelfkennis wordt steeds abstracter en steeds alomvattender, totdat we een kosmisch beeld van onszelf hebben! Deze ontdekkingstocht wordt leven genoemd.

***Overgave aan God*** is een hele mooie eigenschap van het leven. Het Zelf bewondert altijd en overal zichzelf. In wezen vereenzelvigt en verenigt het Zelf zich altijd met zichzelf. Het kleine zelf wil zichzelf ervaren als het grote Zelf. Hoe krijgt het dat voor elkaar? Door zich over te geven aan zich Zelf! **Overgave betekent in wezen eenwording. Overgave aan God betekent beseffen dat je in wezen één bent met de kosmische Creatieve Intelligentie die het hele universum geschapen heeft.** Vergelijk een mooie uitspraak van de Indiase wijze Ramana Maharshi: "Vereer God met of zonder vorm, totdat je ervan bewust wordt dat je het zelf bent." De culminatie van alle devotie en overgave is het besef *'Aham Brahmasmi'* – 'Ik ben God', 'Ik ben de totaliteit', 'Ik ben al wat bestaat', 'Ik ben de Eenheid die zich uitdrukt in de oneindige veelvoud'. Ramana Maharshi raadde aan deze Oepanishadische uitdrukking te gebruiken als mantra, als middel tot zelfbevrijding.

Traditioneel wordt ook de mantra 'So 'ham' aangeraden om mee te mediteren. Meditatie is een proces van overgave en loopt uit op een bewust worden van jou identiteit met het allerhoogste. So 'ham betekent dan ook heel toepasselijk: *'Ik ben Hem'*.

## 33. Wanneer we gehinderd worden door negatieve gedachten doen we er goed aan gedachten van een tegengesteld soort te cultiveren.

Hier legt Patanjali de theoretische grondslag voor de geldigheid van affirmaties. Indien we denken dat we niet goed genoeg zijn dan is het goed om tegen onszelf te zeggen 'Ik ben goed genoeg'. Wanneer je denkt dat de ander niet goed genoeg is, is het goed om tegen jezelf te zeggen: 'Hij/zij is goed genoeg'. Wanneer je denkt dat de wereld niet goed genoeg is, is het goed om tegen jezelf te zeggen: 'De wereld is goed genoeg'. Waarom is het goed om 'goed' te denken over jezelf en de ander en de hele wereld? Omdat dat dichter bij de waarheid ligt dan het omgekeerde. 'God zag dat het goed was' zegt de Bijbel. Het is goed te weten dat God nog steeds ziet dat het goed is. **Het is goed om een goddelijke visie ontwikkelen want ... wat je ziet dat word je!**

De Franse apotheker en psychotherapeut Emile Coué (1857-1926) was heel succesvol in het behandelen van zijn patiënten. Zijn voornaamste medicijn dat hij aan iedereen voorschreef was de affirmatie: *'Van dag tot dag voel ik me in alle opzichten beter en beter'*. Ik vind het mooier klinken in het Engels: *'Every day, in every way, I'm feeling better and better'*. Affirmaties werken altijd aangezien intenties nu eenmaal een oneindig organiserend vermogen hebben. Een ander genie die dit gebied uitvoerig heeft onderzocht en de effectiviteit ervan gedemonstreerd heeft in zijn leven is Joseph Murphey. Hij heeft er vele inspirerende boeken over geschreven. Nog een wereldberoemde leraar op dit gebied is Louise Hay. Ook haar boeken zijn meer dan goud waard. De Belgische zieneres Christiane Beerlandt (1955-2015) onderwees de waarde van positieve affirmaties in haar boek 'De sleutel tot zelfbevrijding.'

**34. Tegengestelde gedachten moeten worden gecultiveerd in geval onze geest aangedaan wordt door gedachten aan geweld. Deze zijn schadelijk voor het leven, of we er nu zelf naar handelen, anderen ermee aanzetten tot handelen, of gewelddadige handelingen van anderen goedkeuren. Zij komen voort uit hebzucht, boosheid en een verwrongen zicht op de realiteit. Of zij nu subtiel, matig of intens zijn, ze veroorzaken een eindeloze keten van pijn en onwetendheid.**

Wel, deze soetra spreekt voor zichzelf en is eigenlijk een commentaar op de vorige soetra. **Regeringsleiders en regeringsambtenaren die nog steeds in de illusie leven dat geweld een eind kan maken aan geweld zouden toch eens kennis moeten nemen van deze oeroude wijsheid.** Op bepaalde plaatsen in de wereld houdt de vicieuze cirkel van pijn en onwetendheid al een paar duizend jaar aan. Je zou toch denken dat op een gegeven moment de betrokkenen zelf de waanzin ervan gaan inzien. Maar zoals Patanjali hier zegt, de keten van pijn en onwetendheid tendeert ernaar eindeloos te zijn ... Maar er is hoop, er is zicht op een stijging van het wereldbewustzijn. In hoofdstuk vier (in deel 2 van 'Inzicht is Alles') ga ik diep in op een bepaalde cyclus van de tijd. De vedische wetenschap informeert ons over een wereldwijde ontwikkeling van bewustzijn die in dit opzicht hoopgevend is.

**35. Wanneer we stevig gevestigd zijn in geweldloosheid, dan houdt vijandigheid in de omgeving op te bestaan.**

We zijn allen golven van dezelfde oceaan. Bewustzijn is het gemeenschappelijke element waaruit wij allen bestaan. In de Bhagavad Gita wordt bewustzijn ook een *'kshetra'* – 'veld' genoemd. Er gaat een veldwerking uit van iemands innerlijke bewustzijnstoestand. Is iemand boos en geïrriteerd, dan roept hij deze kwaliteit op in de ander en in zijn omgeving. Zijn we van binnen vredig en voldaan, dan roepen we deze gevoelens ook op in anderen. De mens is als een lamp – we stralen uit wat we van binnen zijn. Er zijn verhalen bekend van yogi's die agressieve tijgers omturnen tot 'lieve poesjes'. Ook Franciscus van Assisi temde eens met groot gemak een gevaarlijke wolf. Dit tot grote vreugde en verwondering van de mensen uit de omgeving die zich door de wolf geterroriseerd hadden gevoeld.

**36. Wanneer we stevig gevestigd zijn in waarachtigheid bereiken al onze handelingen hun doel.**

*Satyam* (Waarheid) dient begrepen te worden als een basisbestanddeel van de werkelijkheid! *Sat* betekent zowel *zijn* als *waarheid*. Wanneer we in de waarheid gevestigd zijn, dan zijn we één met het absolute Zijn; in religieuze termen zijn we dan één met God ... Dan is het *geen wonder* dat we wonderen kunnen verrichten. Wij als individu doen precies wat de kosmische Creatieve Intelligentie wil doen. Geen wonder dat we dan ons doel bereiken. Praktisch gezien noemde Maharishi Mahesh Yogi dit graag 'Support of Nature' – 'Ondersteuning van de Natuur'. **Hoe meer jouw wil afgestemd is op de wil van de Natuur, des te meer ervaar je dat alles precies zo gaat zoals jij dat graag hebt!** Een heel aangenaam effect van geestelijk volwassen worden! Bekend uit de vedische literatuur is ook het begrip *'vach sidhi'* of wel de perfectie van de spraak. Enkel door iets te zeggen gebeurt het ook. Jezus' spraak is hier een mooi voorbeeld van. Jezus wist zich één met God de Vader te zijn ... daarom hoefde hij maar 'een enkel woord' te spreken, en 'het geschiede naar zijn woord'.

Deze en de volgende acht soetra's geven toelichting op de praktische waarde van het gevestigd zijn in elk van de 'yama's' en 'niyama's'. **Ook deze soetra's bevestigen weer het feit dat de acht ledematen van yoga zich niet hiërarchisch tot elkaar verhouden, maar dat ze elkaar geheel en al doordringen.** De eerste twee ledematen (Yama en Niyama) komen volledig tot bloei als bijvoorbeeld het achtste ledemaat (Samadhi) volledig tot bloei is gekomen. **In werkelijkheid groeien alle acht ledematen dus tegelijkertijd.** Dit inzicht was een van de belangrijkste inzichten die Maharishi mij (en veel anderen) met betrekking tot de Yoga Soetra bijgebracht heeft. De volgende acht soetra's zijn krachtige soetra's die wanneer we erop 'mediteren' en erover contempleren een grote inspiratie voor ons kunnen betekenen.

**37. Wanneer we stevig gevestigd zijn in zelfgenoegzaamheid, dan presenteren alle rijkdommen zich als vanzelf.**

Zelfgenoegzaamheid is een goede vertaling van het Sanskriet woord *'Asteya'* dat letterlijk 'niet-stelen' betekent. *'Asteya'* impliceert in feite meer dan alleen het niet stelen van andermans bezittingen. Zelfs als zouden we in staat zijn ons hele leven niet te stelen, dan is het nog niet zo dat alle rijkdommen – de tekst spreekt van *'sarva ratna'* letterlijk 'alle juwelen' – zich als vanzelf presenteren. Het ons niets toe-eigenen van wat niet tot ons behoort strekt zich uit tot de hele schepping. **Pas als we beseffen dat we niets te maken hebben met de hele schepping en het hele heelal, dan zijn we gevestigd in *asteya*.** Dan zijn we gevestigd in ons Zelf. Alleen in die zelfbewuste, zelfgenoegzame toestand eigenen we ons niets meer toe! Zolang we denken dat ons ziel-geest-lichaam-systeem *ons* als individu toebehoort, zijn we nog niet geestelijk volwassen. In geestelijke volwassenheid ervaren we dat we dit wonderbaarlijke systeem gekregen hebben van de kosmische creatieve Intelligentie, en dat we het slechts in bruikleen hebben! Het is een levend apparaat waarmee wij ons Zelf kunnen uitdrukken, en waardoor wij Zelf ervaringen kunnen opdoen. Wanneer er voldoende mensen gevestigd zijn in *'asteya'*, dan zal de rijkdom van Moeder Aarde spontaan verdeeld gaan worden, zodat niemand meer hoeft te stelen om te overleven. Het is allemaal maar een kwestie van bewustzijnsontwikkeling ... there is no other way.

**38. Wanneer we stevig gevestigd zijn in leven vanuit de heelheid, dan verkrijgen we heldhaftigheid.**

Brahmacharya betekent letterlijk 'bewegen in heelheid'. Als zodanig verwijst het naar een bewustzijnstoestand waarin we ons bewust zijn van de eenheid van het bestaan. Het duidt op de volgroeide bewustzijnstoestand, de toestand van geestelijke volwassenheid, die ook eenheidsbewustzijn kan worden genoemd. Ook hier is Jezus weer een goed voorbeeld van een yogi die deze toestand naar eigen zeggen bereikt had: 'God de Vader en ik zijn één'. In deze soetra verklaart Patanjali waar de heldhaftigheid die Jezus in zijn leven gedemonstreerd heeft op gebaseerd was. Het begrip *'Virya'* in deze soetra betekent 'held'. Een held is iemand die grote energie en kracht bezit om het goede te doen. Een held is iemand die anderen verlost uit hun lijden. Jezus wist inderdaad velen te bevrijden uit hun lijden. *'Virya'* kan ook vertaald worden als 'subtiele potentie'. Deze subtiele potentie wordt van zelf-gerealiseerde mensen automatisch overgebracht op anderen, zoals het licht van een lamp de omgeving verlicht.

**39. Wanneer we stevig gevestigd zijn in onthechtheid, begrijpen we de aard en het doel van het bestaan.**

Zolang we ons mentaal nog ergens aan vastklampen, zij het een ander mens, status, goederen, of zelfs maar een concept, dan zijn we nog niet helemaal geestelijk gezond, niet helemaal geestelijk volwassen, en verkeren we nog in een soort mentale kramp. We vertrouwen nog niet helemaal op het bestaan. We vertrouwen de kosmos nog niet helemaal. We denken dat we voor onszelf moeten opkomen en we zijn ons er niet van bewust hoe het universum perfect voor ons zorgt.

**De aard van bewustzijn is totaal onthecht.** Bovendien is bewustzijn het tehuis van alle kennis. Dus wanneer we ons identificeren met zuiver bewustzijn, met ons ware Zelf in plaats van met ons ziel-geest-lichaam-systeem, dan verwerven we spontaan ware kennis omtrent het leven, omtrent de werkelijkheid. Wanneer we volledig durven te vertrouwen op ons Zelf, op het Leven, op God, dan pas kunnen we de werkelijkheid zien zoals die is. Dus pas in de hogere bewustzijnstoestanden, vanaf de bevrijde toestand van kosmisch bewustzijn (geestelijke gezondheid) en verder (in eenheidsbewustzijn ofwel geestelijke volwassenheid) zijn we in staat om de werkelijkheid te ervaren zoals die werkelijk is. Pas vanaf kosmisch bewustzijn zijn we onpartijdige en onbevooroordeelde mensen. **Pas vanaf kosmisch bewustzijn zijn we in staat om echt objectieve wetenschappers te worden.** Pas dan is onze geest voldoende gecultiveerd om de perfectie van het leven waar te nemen. Pas dan kunnen we leren inzien dat de aard van het leven gelukzaligheid is en dat het doel van de schepping de uitbreiding van gelukzaligheid is (Als je dat nú al inziet en nooit meer vergeet dan is dat het bewijs dat je kosmisch bewust bent ... Ik vermeld dit er maar bij, om te voorkomen dat je gaat zitten wachten op iets dat er in werkelijkheid al is!)

Pas in een toestand van onthecht zijn kunnen we een significante en doeltreffende bijdrage leveren aan de verbetering van de kwaliteit van het leven van mensen die er innerlijk en/of uiterlijk minder goed voorstaan. Met andere woorden, pas dan werken we spontaan mee met het doel van het bestaan. **Wat is het doel van het bestaan? Wat is het doel van het leven? Heel eenvoudig: de manifestatie en vermeerdering van geluk.** Dus deze soetra geeft in het kort een universeel paradigma van ethiek aan: **Zodra we in onbegrensd bewustzijn zijn gevestigd, zijn onze gedachten, woorden en daden spontaan in overeenstemming met het doel van het leven.** Dan werken we spontaan mee met het doel van de schepping: de uitbreiding van geluk ... Pas als de mensheid dit eeuwige en universele paradigma kent en omarmt, kan de droom van een ethisch gezonde wereld werkelijkheid worden.

**40. Zuiverheid geeft bescherming aan het lichaam en vrijwaart het tegen besmetting door anderen.**

Besmetting of contaminatie door anderen heeft betrekking op alle niveaus, niet alleen het fysieke maar ook de mentale, emotionele en intellectuele niveaus. Zuiverheid geeft een soort 'harnas', of in het Sanskriet gezegd een *'kavach'*, dat ons behoedt voor negatieve invloeden van buitenaf.

Zuiverheid, de eerste van de vijf niyama's, kan natuurlijk wel beoefend worden. Wanneer we bij voorbeeld onze eet- en drinkgewoonten zuiver houden, helpen we ons ziel-geest-lichaam-systeem zuiver en dus gezond te blijven. Maar *echte* zuiverheid komt uiteindelijk van binnenuit. Dit was wat Jezus ook voor ogen stond toen hij zei dat we ons niet zo zeer druk moeten maken om wat we *in* onze mond stoppen, als wel om wat er *uit* onze mond te voorschijn komt!

Zuiverheid is dan ook niet *echt* het resultaat van een dieet of andere beperkende maatregelen. **Primair is zuiverheid het natuurlijke gevolg van de ervaring van zuiver bewustzijn.** Door ons dagelijks te richten op de ervaring van zuiver bewustzijn bevorderen we de innerlijke en uiterlijke zuiverheid. Ik weet dat ik nu en dan in herhaling val, maar het is dan ook wel zó wezenlijk dat mij deze nadruk toch nuttig lijkt. Onze biocomputer heeft een holistische software update hard nodig. De verschillende delen van de nieuwe software moeten goed op elkaar afgestemd zijn, en moeten alsmaar de uiteindelijke eenvoud van het leven bevestigen.

**41. De vervolmaking van zuiverheid leidt tot opgewektheid, beheersing van de zintuigen, éénpuntige gerichtheid en geschiktheid voor zelfrealisatie.**

Zelfrealisatie wordt hier genoemd **'atma darshana'** – letterlijk het 'zien van het Zelf'. Het mooie van het atma is dat als je het *ziet*, je het ook automatisch *bent*. **Alleen het Atma kan zich het Atma bewust worden.** Het is dus geen *gewoon* zien, geen zien met de ogen. Het is een weten, een zich realiseren. Vandaar dat al deze kennis 'vedische kennis' wordt genoemd. Veda betekent kennis. Het gaat hier om een weten, een innerlijk weten, een zeker weten. **Ritam bhara pragya betekent dan ook niets anders dan het zeker weten wat je weet, niet meer denken, geloven, hopen of gissen!** Het is zoals mijn goede moeder wel eens zei: **'Het is maar een weet'**. De titel van dit boek is dan ook niets anders dan een meer spectaculaire versie van mijn moeders uitspraak. Zuiverheid slaat dus uiteindelijk op de *kennis* we hebben: als je zuivere kennis hebt, dan wordt het denken, spreken en handelen zuiver. Op basis van zuivere – ware – kennis komen we spontaan tot een zekere beheersing van de zintuigen en een eenpuntige gerichtheid van de geest. Geschiktheid voor zelfrealisatie en de zelfrealisatie als zodanig betekenen ook niets anders dan dat we zuivere kennis hebben over onszelf. Zo simpel is dat.

## 42. Door tevredenheid verwerft men het hoogste geluk.

Moeten we dus maar gewoon alles goed vinden? Moeten we maar tevreden zijn met de mistoestanden in de wereld? Je voelt natuurlijk wel op je klompen aan dat dát niet de strekking is van deze soetra. Patanjali behandelt de vijf niyama's als kwaliteiten van ons innerlijk bewustzijn. **Tevredenheid is een bewustzijnstoestand.** Het idee is dat wanneer we merken dat we tevreden zijn – innerlijk diep tevreden zijn zonder dat we een uiterlijke reden daarvoor hebben – dat we daaruit kunnen afleiden dat we dicht bij het Zelf zijn aangeland. De hele soetra is dus zelfrefererend bedoeld. Geestelijke volwassenheid wil dus zeker niet zeggen dat we op een oppervlakkige manier tevreden zijn met de wereld.

Vanaf het niveau van geestelijke gezondheid zijn we tevreden met ... met wat eigenlijk? **We zijn tevreden met *Niets!*** We zijn tevreden met het *Leven* als zodanig, we zijn tevreden met *God*. We zijn tevreden met *ons Zelf!* **Zelfs bij het zien van het onrecht en de misère in de wereld is onze innerlijke tevredenheid niet aangetast.** Zelfrealisatie betekent echter niet dat we de wereld aan zijn lot overlaten. **Verlichting betekent niets anders dan volledig mens zijn.** Het is niets anders dan geestelijke gezondheid en geestelijke volwassenheid. Godzijdank zijn kwaliteiten zoals mededogen, inlevingsvermogen, empathie, sympathie en het willen helpen van onze medemensen een ingeboren menselijke eigenschap! Het is *natuurlijk* om je medemensen te helpen. Als je jezelf erop betrapt dat je je medemensen niet helpt, weet dan dat je niet helemaal geestelijk gezond bent. Je gedraagt je dan in bepaalde opzichten onnatuurlijk, krampachtig, angstig. Een egocentrische houding is een symptoom van onwetendheid omtrent ons ware Zelf. Als we geestelijk gezond worden, zijn we niet langer egocentrisch maar worden we in ons universele Zelf gecentreerd. Het ego vindt zijn centrum in het universele, gemeenschappelijke Zelf. Het Zelf van alle wezens. Daardoor krijgen we vanzelf een universeel invoelingsvermogen.

Verder is het zo dat we het meeste voor onze medemensen kunnen betekenen wanneer we gevestigd zijn in een innerlijke, subjectieve toestand van tevredenheid. Revoluties kunnen soms nodig en onvermijdelijk zijn, maar ze leiden niet tot het ware levensgeluk! Tevredenheid is de kortste en gemakkelijkste weg naar geluk, omdat tevredenheid in wezen identiek is aan geluk. Laatst kwam ik een mooie spreuk tegen: **'Er is geen weg naar vrede ... vrede is de weg'**. Zeer diepe kennis! Daar sluit ik me graag bij aan.


## 43. Soberheid vernietigt onzuiverheden en vervolmaakt het lichaam en de zintuigen.

Soberheid is eigenlijk niet het juiste woord voor tapas. Je kunt sober leven zonder dat er sprake is van tapas. Tapas impliceert een intelligente keuze waarbij je bereid bent uiterlijke genietingen te verzaken in ruil voor innerlijke gelukzaligheid. Tapas staat dus niet voor het ondergaan van ontberingen, noch gaat het om een ijzeren zelfdiscipline of boetedoening. Het gaat om een intelligente keuze – de keuze voor het innerlijke geluksbesef. **Geluk is een bewustzijnstoestand.** Het gaat bij tapas om het ontwikkelen van een innerlijke efficiëntie, om een soort *shortcut* naar het Zelf te vinden. Tapas staat voor een gezonde mate van zelfdiscipline en maat houden op basis van het verlangen naar innerlijke vervulling. Als voorbeeld voor tapas kan dienen het 'afzien' dat door sportmensen wordt beoefend. Zij ontzeggen zich bewust (!) en vrijwillig (!) bepaalde zintuiglijke genietingen om energie te sparen voor een in hun ogen meer nastrevenswaardig doel. De ideale tapas heeft betrekking op het bereiken van geestelijke gezondheid en geestelijke volwassenheid. Om de innerlijke ontwikkeling een gelegenheid te geven, moeten we soms een 'offertje' doen; we moeten subjectieve waarden de voorrang geven boven zintuigelijke, kortstondige genietingen. **Het idee is dat we onze aandacht meer op innerlijke waarden richten dan op uiterlijke genietingen!** Wanneer we deze innerlijke vaardigheid verworven hebben, zegt deze soetra, dan volgen de uiterlijke genietingen van Zelf! Dit is de meest intelligente levensinstelling, voor zover deze spontaan en van binnenuit komt.

## 44. Zelfstudie leidt tot vereniging met je 'Ishta Devata', je favoriete vorm van God.

Jawel, lieve lezer, we zullen echt aan het idee moeten wennen dat we in wezen één zijn met datgene dat in religies God wordt genoemd. **Hoe beter je jezelf leert kennen, zegt Patanjali, hoe meer je je één weet met God.** Niet zó maar God, maar God in zijn of haar meest geliefde vorm. Het is een traditie in India, tot op de dag van heden, dat men zich een vorm van God kiest, die men het best bij zich vindt passen: Vishnu, Shiva, Surya (de Zonnegod), Ganesha, ofwel een van de vrouwelijke vormen, zoals Lakshmi, Durga of Saraswati, et cetera. Je wordt aangeraden te mediteren op de vorm en kwaliteiten van je 'lievelingsgod.'. Op den duur ontdek je dan, dat je op een aspect van je hogere Zelf gemediteerd hebt. **Je zelfbeeld is dan kosmisch geworden en je godsbeeld is menselijk geworden ...** en de guru die je daarbij geholpen heeft, blijkt ook deel uit te maken van het kosmische complot. Er is een oeroude vedantische spreuk die zegt: *'Ishvaro gurur atmeti'* – **'God, de guru en jezelf zijn één!'**

## 45. Door overgave aan God wordt samadhi vervolmaakt.

Wanneer is samadhi volmaakt? Wanneer is mentale absorptie volmaakt? Wanneer is zelfrefererend bewustzijn volmaakt? Als het nooit meer verloren gaat. Als het spontaan gehandhaafd blijft bij wat we ook maar denken, zeggen of doen. Overgave aan God betekent: eenwording met God, zoals de vorige soetra betoogt. God is zuiver bewustzijn, maar dat ben jij ook. De hele wereld is in wezen niets dan zuiver bewustzijn. **Zoals oorbellen, armbanden, broches en horloges alle gemaakt zijn van goud, zo is de hele schepping gemaakt van bewustzijn.** Eenwording met God betekent dus ook eenwording met de schepping. Het woord 'yoga' ontleent hier zijn betekenis aan, het staat voor de totale eenwording op het niveau van bewustzijn. Eenwording is eigenlijk een misleidend woord. We hoeven niet een te *worden* met ons zelf en daarna met de wereld, want dat *zijn* we al. **We zijn *altijd* één met onszelf, één met God en één met de wereld, maar in de gangbare waaktoestand zijn we hier niet van bewust.** Yoga staat voor de bewustwording van deze kosmische eenheid.

**Yoga zegt: 'Alles is één. Het ene is alles'. Wanneer we de eenheid waarnemen *in* de verscheidenheid, dan is samadhi volmaakt.** Wanneer we God waarnemen in elk onderdeel van de schepping, dan is samadhi volmaakt. **Wanneer we alles begrijpen in termen van ons Zelf en onszelf begrijpen in termen van alles, dan is samadhi volmaakt.**

We kunnen de logica van deze ervaring – van dit allesomvattende inzicht – het best illustreren met de analogie van de golf en de oceaan. **De individuele golf ziet zichzelf in termen van zoveel meter hoog en zoveel meter breed. Dat is de persoonlijkheid van de golf.** Door zijn aandacht naar binnen te richten, ontdekt hij dat hij meer is dan alleen maar een gelokaliseerde golf; hij blijkt een onpeilbare diepte te bezitten. Ook merkt hij dat hij in wezen niets bijzonders is, want hij ziet in dat hij gewoon uit water bestaat! Dit is de essentie van de golf. Door een minuutje logisch na te denken realiseert hij zich dat al zijn broertjes en zusjes golven ook niets anders zijn dan water. Hij ziet in dat álle golven een uitdrukking zijn van de ene oneindige oceaan die hij in wezen *zelf* is. **Hij kent zichzelf dus in termen van de oceaan en hij kent de oceaan, met alles erop en eraan in termen van zich-**

zelf! Alles en iedereen is een uitdrukking van zijn onbegrensde aard, zijn ware identiteit. Dit is eenheidsbewustzijn, dit is volgroeide samadhi. Dit is geestelijke volwassenheid.

## 46. De Asana's (lichamelijke oefeningen) leiden tot stabiliteit en geluk.

Hier gaat Patanjali verder met zijn beschrijving van de acht ledematen van de heelheid (yoga) van het leven. Hier vat hij bondig samen wat het effect is van het beoefenen van asana's, het derde van de acht ledematen van yoga. *'Asana'* betekent letterlijk 'zetel'. Het lichaam is de zetel van ons bewustzijn. Hopelijk is deze comfortabel. Door het lichaam te buigen en te strekken op de vele manieren die in de yogaliteratuur beschreven worden, lossen zich spanningen, vermoeidheden en onzuiverheden op.

Zowel lichaam als geest komen hierdoor in een betere conditie. Stabiliteit van de geest hangt nauw samen met het gezonde functioneren van het lichaam. En zoals iedereen weet, draagt een gezond, flexibel lichaam veel bij aan ons levensgeluk. De asana's hebben niet alleen betrekking op ons grofstoffelijk lichaam. Zij zijn ontworpen om de integratie van het grofstoffelijk lichaam met de fijnstoffelijke lichamen te bevorderen.

**In de Vedische literatuur spreekt men doorgaans van vijf lichamen waarmee het bewustzijn zich heeft bekleed: annamaya kosha, pranamaya kosha, manomaya kosha, vigyanamaya kosha en anandamaya kosha.** Letterlijk vertaald zijn dit respectievelijk: het voedsellichaam, het ademlichaam, het geestlichaam, het intellectlichaam en het gelukslichaam. Elk van deze niveaus van ons ziel-geest-lichaam-systeem vormt een 'relatief autonoom' lichaam op zichzelf. Wanneer het grofstoffelijk lichaam het af laat weten, leven we 'gewoon' verder in de overige fijnstoffelijke lichamen, in een overeenkomende – fijnstoffelijke – dimensie van bestaan. Elk van de vijf lichamen is gerelateerd aan een bijbehorende, in dichtheidsgraad overeenstemmende wereld, waarin dat specifieke lichaam het standaard, zichtbare lichaam is waarvan het bewustzijn zich in die wereld bedient.

De genoemde classificatie van subtiele lichamen valt wel te rijmen met de meer westerse opvattingen over de verschillende lichamen die we bezitten. Het voedsellichaam (*annamaya kosha*) is natuurlijk ons fysieke lichaam dat inderdaad uit voedsel is opgebouwd. Het ademlichaam (*pranamaya kosha*) is het etherische lichaam (of vitaliteitslichaam zoals we het in deel twee van 'Inzicht is Alles' zullen noemen) Dit lichaam is verantwoordelijk is voor de opname, assimilatie en distributie van *prana*, de kosmische vitaliteit, de universele levensenergie, die ook wel *ki* of *chi* of *kundalini* wordt genoemd.

Het geestlichaam (*manomaya kosha*) is dat niveau van onze individualiteit, waarin gevoelens en gedachten vorm aannemen. Het bestaat uit een combinatie van wat we in het westen het emotionele lichaam (astraal lichaam) en het mentale lichaam noemen. Het intellectlichaam (*vigyanamaya kosha*) komt overeen met het iets minder bekende wijsheids-lichaam, dat een aspect van onze ziel vormt. Het gelukslichaam (*anandamaya kosha*) komt overeen met wat in westerse tradities het spirituele lichaam wordt genoemd. Ook dat lichaam vormt een aspect van onze ziel. **In deel twee van 'Inzicht is Alles' zullen we een indeling van onze individualiteit in *zeven* lichamen behandelen, waarin we de indeling in ziel, geest en lichaam nader zullen opsplitsen.** De indeling in zeven niveaus vind ik completer en logischer dan de indeling in vijf niveaus. We zullen daarbij ook zien hoe elk van de zeven lichamen correspondeert met een van de zeven chakra's.

Het mooie van de subtiele lichamen is overigens dat ze heel flexibel zijn. Aangezien ze dichter bij de bron staan, zijn ze ook subjectiever. Dat wil zeggen dat ze nog directer een weerspiegeling vormen van onze subjectieve bewustzijnstoestand. Ook de bijbehorende subtiele werelden – lees: hemelen – weerspiegelen op een snellere en meer directe manier onze innerlijke toestand van bewustzijn. Als we ons op het moment van overlijden innerlijk goed voelen, als we ons bijvoorbeeld niet schuldig voelen en evenmin beschuldigd voelen (als we geen slachtoffergevoel hebben) dan komen we in een wereld die hemels aanvoelt.

Indien ons grofstoffelijk lichaam wegvalt terwijl we ons boos, angstig, schuldig of verdrietig voelen, dan komen we terecht in een wereld die helachtig aanvoelt. Hier komt het gerucht vandaan aangaande het bestaan van een hemel en een hel. **Hemel en hel zijn niets anders dan de weerspiegeling van onze innerlijke bewustzijnstoestand, een veruitwendiging van onze interne conditie.** Het is overigens zeer verlichtend om hier en nu te beseffen dat het mechanisme dat onze aardse ervaring bepaalt niet wezenlijk afwijkt van het bovengenoemde mechanisme dat onze hemelse of helse ervaringen schept. **Ook op aarde krijgen we – scheppen we – precies de omgeving die bij ons niveau van bewustzijn past.** Dit te beseffen leidt ons snel naar het besef van eenheid te midden van verscheidenheid – naar eenheidsbewustzijn. Op dat niveau van geestelijke helderheid weet je immers: **'De wereld is zoals je bent'**. Een andere mooie 'soetra' die ons helpt om dit altijd te herinneren is: **'Wat je ziet, ben je zelf'**.

Wanneer alle vijf, dan wel zeven lichamen harmonisch met elkaar samenwerken, dan bieden we ons bewustzijn – ons Zelf – een kosmische 'asana' (zetel) aan. We zijn pas echt stabiel en gelukkig wanneer ons ziel-geest-lichaam-systeem ons bewustzijn een verblijfplaats biedt, waarin de zuivere aard van bewustzijn als zodanig ervaarbaar is. Met andere woorden: het kosmische bewustzijn vergeet niet zijn kosmische aard wanneer het in een menselijk lichaam woont. Hiertoe is ons ziel-geest-lichaam-systeem eigenlijk ontworpen. **Het leven op aarde is dáárom zo bijzonder interessant omdat het het grootste contrast te bieden heeft voor ons abstracte bewustzijn. Hoe groter het contrast, hoe groter de vreugde in principe zijn kan!** Het bekende rijmpje van William Blake geeft rekenschap van de wonderbaarlijke schoonheid en fascinatie die we kunnen ervaren dankzij dat grootst mogelijke contrast: *'To see the world in a grain of sand, and heaven in a wild flower, is to hold infinity on the palm of your hand, and eternity within an hour!'* – 'De wereld te ontwaren in een korreltje zand, en de hemel in een wilde bloem, komt neer op het ervaren van de oneindigheid op de palm van je hand en de eeuwigheid binnen een enkel uur'. **Op aarde heeft ons bewustzijn in principe het ver-**

mogen om de oneindigheid waar te nemen in elk detail van de schepping! Dat is eenheidsbewustzijn – dat is het doel van het menselijke bestaan: dat is het geboorterecht van elke mens.

## 47. Asana's zijn volmaakt wanneer alle inspanning wordt losgelaten en de geest geabsorbeerd wordt in het oneindige.

Het lichaam wordt een volmaakte zetel voor het kosmische bewustzijn wanneer we ons volkomen kunnen ontspannen en de geest geabsorbeerd wordt in de oneindigheid van zuiver bewustzijn. Lichaamshoudingen dienen dus niet met een grote inspanning te worden beoefend. Yoga asana's onderscheiden zich hierdoor van sport, gymnastiek en fitnesstrainingen. Zij zijn ontworpen om op een ontspannen manier beoefend te worden. **Wanneer men door regelmatige beoefening in staat wordt zich geheel te ontspannen in een bepaalde asana, dan daagt spontaan het oneindigheidsbewustzijn in de geest.** Dit is het uiteindelijke criterium voor een ideale asana beoefening. Ook hier zien we weer dat de beoefening van het derde lidmaat van yoga (Asana) pas tot zijn bloei komt als ook het achtste lidmaat (Samadhi) tot bloei is gekomen. Alle acht ledematen kunnen alleen maar simultaan worden ontwikkeld.

## 48. Dan voelen we ons niet langer gestoord door het spel van de tegenstellingen.

'Het spel van de tegenstellingen' omvat het gehele relatieve bestaan. Wanneer ons bewustzijn rust in zichzelf, in *'ananta'* (oneindigheid), dan worden we niet langer geraakt door de zintuiglijke, emotionele, geestelijke of intellectuele indrukken die we opdoen. **We zijn wel *in* deze wereld, maar niet *van* deze wereld,** zoals de yogi Jezus het eens uitdrukte. We staan dan boven alle paren van tegengestelden: yin en yang, mannelijk en vrouwelijk, wetend en onwetend, goed en kwaad, licht en duister, jong en oud, warm en koud, rijk en arm, gezond en ziek, gelukkig en ongelukkig, mooi en lelijk, hoog en laag, links en rechts, hemels en hels, plezier en pijn, succes en falen, lief en leed, wel en wee, dik en dun, vroeg en laat, ik en jij, stilte en activiteit, geboorte en dood, zomer en winter, dag en nacht, liefde en haat, vriend en vijand, volle maan en nieuwe maan et cetera.

Dit is de ervaring wanneer zuiver bewustzijn zich gestabiliseerd heeft in de waak-, droom- en slaaptoestand. We zijn dan vrij, we zijn dan bewust ons Zelf in alle omstandigheden. Onze subjectieve toestand blijft geïntegreerd en vredig, ook als we door allerlei tegengestelde ervaringen gaan die nu eenmaal onvermijdelijk zijn in het relatieve bestaan. In de Bhagavad Gita wordt wijsheid gedefinieerd als het natuurlijk vermogen om gelijkmoedigheid te handhaven te midden van vreugde en verdriet, succes en falen, winst en verlies. **Wijsheid houdt in dat we negativiteit begrijpen en accepteren als een onvermijdelijke fase in het proces van ontwikkeling en vooruitgang.**

## 49. Pranayama bestaat uit het verfijnen van de ademhaling, hetgeen de levensenergie doet toenemen.

Het vierde lidmaat van de heelheid van het leven volgens de indelingen van Patanjali is de ademhaling. Net zoals we oefeningen kunnen doen die het lichaam betreffen, zo kunnen we ook oefeningen doen met onze ademhaling. Adem is niet voor niets verwant met het woord 'atma'. Adem staat symbool voor het leven zelf. **Alles wat leeft ademt. Alles wat ademt leeft!**

Wanneer we de efficiëntie van de ademhaling kunnen verhogen, dan verhogen we rechtstreeks de kwaliteit van ons leven. Je zult altijd zien dat grove, relatief weinig ontwikkelde mensen een grove ademhaling hebben. Gecultiveerde of hoog ontwikkelde mensen hebben een meer verfijnde ademhaling. Hoe je door het manipuleren van de ademhaling een zuivering van je hele ziel-geest-lichaam-systeem kunt bewerkstelligen wordt aangeduid door de volgende soetra's.

## 50. Pranayama bestaat uit het reguleren en vasthouden van de in- en uitademing. Door het volume, het aantal en de lengte van de

**vasthouding te variëren, wordt de ademhaling geleidelijk aan subtieler.**

Ook dit is dus een manier om je ziel-geest-lichaam-systeem te vervolmaken. Alle aspecten van het leven hangen zó nauw met elkaar samen, dat als je één aspect cultiveert en vervolmaakt, het gehele systeem vervolmaakt wordt. Het is net als bij een tafel met vier poten: aan welke poot je ook trekt, de hele tafel komt naar je toe.

De yoga literatuur doet veel suggesties over hoe we de ademhaling kunnen verfijnen. Het inhouden van de adem kan op elk willekeurig moment van de ademhaling worden ingezet. De termen *'bhaya'* en *'abhaya'* slaan respectievelijk op het vasthouden van de adem na de *in*ademing en na de *uit*ademing.

Door het volume van de in en uitademing op te voeren kan men de oefening intensiveren. Natuurlijk ook door de lengte van het stilhouden op te voeren. Verder maakt het natuurlijk uit hoe vaak je dit doet en hoe lang je ermee bezig bent. In dit hele proces mag men nooit iets forceren! Het moet met geduld en toewijding beoefend worden, liefst nadat men door een ervaren leraar onderwezen werd.

Een simpele en lichte ademhalingsoefening wordt in de yogaliteratuur *'sukha pranayama'* genoemd, (letterlijk: plezierige, comfortabele ademoefening) Zij kan probleemloos door eenieder naar believen worden beoefend: Sluit het rechterneusgat met de duim en adem rustig uit door het linker neusgat. Laat het lichaam zelf bepalen wanneer het weer gaat inademen, nog steeds door het linker neusgat. Als je voelt dat het lichaam wil gaan uitademen, wissel je van neusgat: sluit het linker neusgat met je middel- en ringvinger, terwijl je je duim verwijdert van het rechterneusgat. Adem nu uit en ook weer in door het rechter neusgat. Wissel om vlak voor de volgende uitademing, et cetera.

Wanneer je dit 3 à 5 minuten doet dan merk je dat niet alleen het lichaam, maar ook de geest in een serene rusttoestand komt. Tijdens de oefening kan de behoefte ontstaan om wat langzamer en wat dieper dan normaal te gaan ademen. Ga dan mee met die neiging en geniet. Deze oefening kan ten allen tijde gedaan worden, wanneer we ook maar tot rust willen komen. Je kunt het bij voorbeeld doen vóór de meditatie, maar ook voor het slapen gaan.

## 51. In de vierde bewustzijnstoestand komt de hele reikwijdte van de in- en uitademing tot stilstand.

De vierde bewustzijnstoestand of samadhi in zijn geïsoleerde vorm kenmerkt zich door een maximale rusttoestand in lichaam en geest. Wanneer de zachte machine tot rust komt heeft hij eventjes geen brandstof nodig. Wanneer de geestelijke activiteit even volledig achterwege blijft, dan komt ook het lichaam in diepe rusttoestand. Natuurlijk duurt deze toestand maar kort, want het lichaam kan niet lang zonder brandstof. Het begint dan vanzelf weer rustig te ademen zonder te moeten compenseren voor de voorafgaande ademstilstand.

Ademstilstand is dus een bijverschijnsel van de ervaring van de toestand van geringste excitatie van bewustzijn, de vierde toestand genaamd: *'Shivam shantam advaitam chaturtham manyante, sa atma, sa vigyeyaha'* – 'Het atma is de weldadige, vredige, non-duale toestand van bewustzijn die de vierde toestand wordt genoemd. Die moet grondig gekend worden.' **Het is goed dit soort klassieke Sanskriet wijsheden van buiten te leren. Zij drijven een wig in de gebrekkige en zichzelf tegensprekende kennisstructuur van de waaktoestand zodat deze sneller omgetoverd wordt tot een structuur van *ware* kennis.**

In de toestand van gestopte ademhaling kan de gevorderde yogi de innerlijke stroom van *prana* toch laten circuleren in het *pranamaya kosha* voor de instandhouding van het ziel-geest-lichaam-systeem. Het is dan zelfs mogelijk om de bio-energie (*prana*) innerlijk te richten op dát deel van het ziel-geest-lichaam-systeem waarin zich een blokkade bevindt of dat anderzijds gebrekkig functioneert, om zo een helend effect te bewerkstelligen.

**52. Dan wordt de versluiering van het licht van het Zelf weggenomen.**

In de toestand van samadhi wordt de onwetendheid niet langer gevoed. De wolken zijn geweken. Net zoals bij het ontwaken een droom evaporeert in het niets, zo verdwijnt de onwetendheid uit ons leven na het dagen van de kiemloze samadhi. In samadhi worden we ons bewust van iets dat er altijd geweest is, maar dat we om de een of andere raadselachtige reden over het hoofd hebben gezien. Het licht van het Zelf is *altijd* aanwezig. **Sterker nog, wij *zijn* het licht van het Zelf. Alles wat we denken, zeggen, doen en waarnemen, doen we in het licht, en bij de gratie van het licht van het Zelf!** Maar om een of andere wonderbaarlijke, duistere reden onderkennen we niet altijd de aanwezigheid en de aard van dit licht van bewustzijn. We zijn dan onwetend over de weter. We zijn dan onbekend met ons ware Zelf.

Mooi in deze context is de betekenis van het Engelse woord voor onwetendheid: *'ignorance'*. Ignorance betekent het ignoreren, letterlijk het *ont-kennen* van iets. **De diepe en ware betekenis van dit woord laat zien dat onwetendheid bestaat uit het ontkennen van iets.** Dit is dan ook precies het geval. Denk hierover na en houd eenvoudig op je ware aard nog langer te *ont*-kennen! Alle eer aan onze voorouders die dit woord hebben 'bedacht'.

Zodra het licht van het Zelf *her*-kend wordt, erkennen we meteen dat het er altijd geweest is. De oneindige vrijheid is er altijd geweest, maar we gingen zo zeer op in het uitoefenen van die vrijheid, dat we haar inherente aanwezigheid over het hoofd zijn gaan zien. Zoals die vis in het water, weet je nog wel? Wat ervoor nodig is om het licht van het Zelf te *her*-kennen, is een geruisloze, supervloeibare manier van functioneren van ons ziel-geest-lichaam-systeem. Het is net als bij een wateroppervlak. **Is het water sterk in beroering door een gestadige wind (geestelijke activiteit), dan wordt een rimpeling die door het werpen van een steen teweeg wordt gebracht, niet opgemerkt.** Maar wanneer het wateroppervlak kalm en sereen is (samadhi), dan kan een kleine rimpeling tot in de verste uithoeken van het meer waargenomen worden als we een kleine steen – die in dit geval staat voor een ware, holistische gedachte – in het water werpen.

Misschien is de volgende analogie nog duidelijker: de Zon schijnt altijd, maar wanneer het water in beroering is, kunnen we geen spiegelbeeld van de Zon in het water waarnemen. Wanneer het water kalm en sereen is, dan zien we een duidelijke reflectie van de Zon. Toen ik voor het eerst in 1988 de 'reflectie van de Zon' in mezelf waarnam, verbaasde ik me werkelijk over het feit dat ik die nooit eerder had 'gezien'.

Ik kon immers met zekerheid zeggen dat het Zelf, met zijn vrede en onbegrensdheid er altijd was geweest, vanaf mijn vroegste herinneringen. Het heeft iets te maken met het gezegde **'Uit het oog, uit het hart' – als we onze aandacht er niet op richten, dan valt het ons al gauw niet meer op.** Het is ook zo stil en bescheiden. Het Zelf dringt zich niet op. Het is als de eerder genoemde stille genieter op de achterbank van de auto. Het is het transparante medium waarin alles plaatsvindt. Het kan ook vergeleken worden met het stille, witte filmdoek in de bioscoop: zodra de film begint te draaien denkt niemand meer aan het filmdoek. We zien het niet eens meer. De beelden en het verhaal zijn veel interessanter. Toch zouden de beelden, noch het verhaal mogelijk zijn zonder de stille, constante, kleurloze, reukloze, onhoorbare en smaakloze achtergrond van het filmdoek. Voilà, een moderne en perfecte analogie voor iets dat zo oud is als de eeuwigheid zelf.

### 53. Dan wordt de geest standvastig.

Zodra het zelf het Zelf heeft herkend, wordt de geest doordrongen van de kwaliteit van het Zelf. Het is niet zo dat de *geest* het Zelf herkent. Net zo min als het grofstoffelijke lichaam kan leven zonder een inwonende ziel, zo is ook de geest niet in staat om ook maar één vinger (van haar fijnstoffelijk lichaam) te verroeren, zonder dat het in haar levende bewustzijn haar daartoe de impuls en de kracht geeft.

**De geest is in feite niets anders dan bewustzijn in beweging.** Het functioneren van de geest is een uitdrukking van de mate waarin het bewustzijn bewust is van zichzelf. Identificeert het bewustzijn zich met de persoonlijkheid en ziet het zichzelf als een beperkt en machteloos persoon, dan zal de geest deze overtuiging gestalte geven in al haar doen en laten. **Ziet het Zelf zichzelf zoals het is – eeuwig en onsterfelijk, gelukzalig, alwetend en almachtig – dan zal de geest dat innerlijke zelfvertrouwen mobiliseren en uitdrukken in al haar doen en laten.** Alle activiteit van de geest is gebaseerd op de stille maar levengevende achtergrond van ons bewustzijn. De chauffeur van de auto is de dienaar van de baas op de achterbank ... Indien onze geest (ons ego) zich afstemt op de aanwijzingen van het Zelf, dan wordt de geest wijs en stabiel.

**Niets in het heelal is stabiel. Alles is voortdurend in verandering.** De uitdrukking 'Niets is stabiel' vind ik zo leuk omdat je haar op twee manieren kunt duiden. Als betrekking hebbend op het Relatieve en als betrekking hebbend op het Absolute. Wat is stabiel in het Heelal? Het Niets! Niets is de absolute basis, het abstracte medium waarin de relatieve, altijd veranderende wereld der verschijnselen zich zonder weerstand en eeuwig kan transformeren. Dat kosmische Niets is zich echter wel bewust van zichzelf, anders kon het niet zo oneindig creatief en intelligent zijn! Dit eeuwige en absolute Niets is niets anders dan ons eigen, ons aller bewustzijn. Ons bewustzijn is Niets. Dat wil zeggen: het is *niet iets*, het is volkomen abstract. **Materieel gezien is bewustzijn niets, spiritueel gezien is het ... alles!**

**Omdat het niet-iets is, is het vanzelf absoluut en onveranderlijk.** Het is de enige constante factor in ons leven (denk aan het filmdoek!) Zodra ons bewustzijn bewust is geworden van zijn zelfrefererende aard, wordt onze persoonlijkheid gestabiliseerd in bewustzijn als zodanig en de stabiliteit van het Zijn doordringt alle aspecten van de persoonlijkheid. **Door dit huwelijk met het Zelf wordt de geest stabiel.** Het mooie ervan is dat de mens dan in staat wordt zijn geest gedurende lange tijd te richten op elke gewenste activiteit, project of onderneming.

De geest (*'manas'* in het Sanskriet en equivalent van het Engelse 'mind') is niets anders dan bewustzijn in beweging. Wanneer zij zich bewust is van haar oorsprong, wordt al haar activiteit bewust gestuurd door het Zelf. Zij kan ook begrepen worden als een brug tussen het absolute en het relatieve. Zij is de brug tussen zuiver bewustzijn en het lichaam. Als de geest eenmaal de weg heeft terug gevonden naar haar oorsprong – het Zelf – dan voelt zij zich oneindig vervuld. Zij hoeft niet meer te zoeken naar het geluk dat ze vermiste: zij heeft het gevonden. Ze is dan als een bij die eindelijk aangekomen is in een reservoir van nectar. Vanuit de vervulde toestand krijgt zij energie om te doen wat ze wil, en wel op een stabiele basis. Daarom is zij nu in staat zich langdurig te focussen op elk gewenst object.

**54. In Pratyahara komen de zintuigen los van hun objecten, doordat ze de natuurlijke inwaartse gang van de geest volgen.**

Het menselijke ziel-geest-lichaam-systeem bestaat uit een aantal niveaus die op een hiërarchische wijze met elkaar in verband staan:

1) De zintuigen zijn voornamelijk afgestemd op de objecten buiten het lichaam.
2) De geest is subtieler en dieper gelegen, en bepaalt voor een groot deel de richting waarin de zintuigen worden gestuurd.
3) Het intellect is nog subtieler en dieper gelegen en bepaalt voor een groot deel de richting waarin de geest wordt gestuurd.
4) Het ego, het 'ik als doener' niveau, is nog subtieler en dieper gelegen, en bepaalt voor een groot deel de richting waarin het intellect wordt gestuurd.
5) Het Zelf is bewustzijn als zodanig en is absoluut subtiel. Het doordringt alle niveaus van de individualiteit. De mate waarin we ons bewust zijn van dit absolute niveau van ons Zelf bepaalt voor een groot deel de richting waarin de hele persoonlijkheid wordt gestuurd.

Zoals je weet wordt het Zelf in de vedische literatuur het *Atma* genoemd. Het *Atma* is in feite niet meer individueel, maar transpersoonlijk of universeel. Daar het *Atma* in wezen één is met de goddelijke Creatieve Intelligentie, bepaalt het voor een groot deel de richting waarin de individuele ziel (*Jiva*) wordt gestuurd.

Een derde vedisch begrip waarmee ik je vertrouwd wil maken is *Brahman*. Deze term wordt gewoonlijk gereserveerd om de totaliteit van het absolute én het relatieve bestaan mee aan te duiden. Het omvat dus het zuivere bewuste Zijn *plus* al zijn manifestaties. **Je kunt daarom stellen dat het *Brahman* is die volledig de richting bepaalt waarin de totaliteit van het individu wordt gestuurd.**

*Jiva*, *Atma* en *Brahman* zijn drie begrippen die alle naar bewustzijn verwijzen. Het verschil zit hem alleen in de mate waarin wij bewust zijn van de alomvattende en alles besturende aard van bewustzijn!

'Pratyahara' heeft betrekking op het naar binnen richten van de zintuigen. Soms gebeurt dat spontaan, maar we kunnen het ook bewust bewerkstelligen door een wilsbesluit. De wil is een vermogen dat in de ziel huist. Je kunt zeggen dat vrije wil eigen is aan het ego. Het ego is een wezenlijk aspect van de ziel. **Vrije wil betekent niets anders dan de uitoefening van de wil, in een toestand van vrijheid. Dat betekent in de praktijk, dat het ego zich vrijer zal voelen, naarmate het meer bewust is van zijn oorsprong en essentie, het absoluut vrije bewustzijn als zodanig.** Bewustzijn is niet alleen vrij, het is de vrijheid zelve. Het is dan ook goed te beseffen dat we in wezen absoluut vrij zijn! (Zie mijn boek 'Vrijheid en Voorbestemming')

De individuele ziel (*Jiva*) is in wezen één met het *Atma*, en het *Atma* is in wezen één met *Brahman*. **Dus vanuit de ziel, die *in wezen Brahman* is, kunnen we het intellect, de geest en tenslotte de zintuigen besturen.** Zo gebeurt dat altijd al. Patanjali maakt ons daar alleen maar bewust van.

Nu zouden we in vrijheid kunnen besluiten, dat we onze aandacht nu eens niet maar buiten sturen, via onze zintuigen naar hun objecten, maar dat we onze aandacht 180° de andere kant op laten gaan, in de richting van ons Zelf, in de richting van bewustzijn als zodanig. **De**

**energie van de zintuigen kwam voort uit bewustzijn en daarom kunnen ze ook terugkeren naar bewustzijn.** Dit is een natuurlijk verschijnsel, dat eigenlijk automatisch optreedt zodra we ons bewust zijn geworden van ons Zelf. In het Zelf vindt niet alleen de geest zijn rust en voldoening, maar ook het intellect, het ego, en ook de zintuigen!

**Alle niveaus van onze relatieve vorm zijn voortdurend op zoek naar geluk, naar meer vervulling.** De zintuigen willen zo veel mogelijk genieten. De geest wil zo veel mogelijk genieten en daardoor geluk ervaren. Het intellect wil zoveel mogelijk begrijpen en daardoor vervulling ervaren. Het ego wil altijd levendig en succesvol zijn en daardoor geluk ervaren. En het Zelf ... dat is van nature al gelukkig, en daarom moet en zal het dat ervaren ook! Daarom is iedere individuele ziel voorbestemd om zijn ware Zelf te *ont*-dekken.

Misschien is het goed om het inzicht in de aard van bewustzijn kort samen te vatten in een analogie: **De individuele ziel (*Jiva*) is een uitdrukking van de universele ziel (*Atma*), zoals de golf een uitdrukking is van de oceaan. De hele oceaan, met alles erop en eraan, kan worden vergeleken met *Brahman*, de totaliteit van het relatieve en het absolute bestaan.** Dus alles wat de drie niveaus van bewustzijn aangaat (*Jiva*, *Atma* en *Brahman*) bestaat enkel uit water, zogezegd.

Het symbolische water heeft drie kwaliteiten d.w.z. het bewustzijn als zodanig heeft drie kwaliteiten: Sat, Chit en Ananda – Zijn, Bewustzijn en Gelukzaligheid, gewoonlijk vertaald als 'Absoluut gelukzaligheid bewustzijn'. Wanneer we onze aandacht *bewust* naar binnen richten, dan komen we *bewust* terecht in absoluut gelukzaligheids bewustzijn. Ik leg hier de nadruk op *bewust*, want *onbewust* doen we dat elke dag al. **Steeds wanneer we in slaap vallen worden zintuigen, geest, intellect en ego ondergedompeld in de oceaan van het absolute gelukzaligheids bewustzijn, alleen ... iemand heeft het licht uitgedaan en daarom ervaren we in de slaap eigenlijk niets of niet veel.** En dat is jammer want we missen die oceaan van gelukzaligheid die in onszelf aanwezig is. Jezus zou zeggen dat je daardoor het Koninkrijk der Hemelen misloopt! **Om dit euvel te verhelpen is de hele filosofie en praktijk van yoga ontworpen.**

**De beoefening van yoga kan dan ook begrepen worden als het oefenen in innerlijke waakzaamheid, terwijl de activiteit van lichaam, geest en ziel afneemt.** Indien het innerlijk licht aan zou kunnen blijven terwijl we liggen te slapen, dan zouden we bewust liggen te baden in een oceaan van gelukzaligheid! Of als we overdag tijdens de waaktoestand spontaan bewust zouden zijn van de bron van onze gedachten – het veld van zuiver bewustzijn – dan zouden we ook op klaarlichte dag de goddelijke gelukzaligheid ervaren die in ons allen latent aanwezig is.

Nu kunnen we begrijpen waar de term Pratyahara voor staat. **Pratyahara staat voor het bewust naar binnen keren van de zintuiglijke aandacht.** De zintuigen gaan dan in de richting van de absolute gelukzaligheid! De term Pratyahara is samengesteld uit de twee woorden *'prati'* en *'ahara'*, welke respectievelijk betekenen: **'in de richting van'** en **'voedsel'**. Door *pratyahara* voelen onze zintuigen zich van binnen uit gevoed. Dit betekent dus dat onze zintuigen eindelijk krijgen waar ze altijd naar op zoek zijn. **Wanneer ons bewustzijn geleidelijk aan gevestigd wordt in de zelfrefererende oceaan van gelukzaligheid, dan smachten de zintuigen niet langer naar externe objecten.** Wanneer ze dan in contact worden gebracht met hun objecten dan genieten ze daar gewoon van zonder zich eraan vast te willen klampen. De gehechtheid heeft opgehouden te bestaan. We zoeken het geluk niet langer buiten ons. Dit niveau van bewust functioneren wordt nader aangeduid in de volgende soetra:

**55. Hierdoor ontstaat de volmaakte beheersing van de zintuigen.**

*'Tatah'*, 'hierdoor', is heel significant. Het zegt hierdoor en nergens anders door! **Alleen door bewustwording van onze ware aard kunnen de 'wilde paarden van onze zintuigen' getemd worden.** Elke poging om ze rechtstreeks aan een regiem te onderwerpen loopt uit op teleurstelling en fiasco. De geschiedenis heeft dat veelvuldig aange-

toond. Zowel op individueel niveau, als op sociaal, nationaal en internationaal niveau is gebleken dat het maken van goede voornemens niet de gewenste resultaten oplevert ... daarom heet het ook dat de weg naar de hel geplaveid is met goede voornemens.

In de Bhagavad Gita is Krishna hier ook heel duidelijk in: "Volg je eigen dharma, doe wat voor jou natuurlijk en aangeboren is, probeer je niet beter voor te doen dan je bent, alle wezens handelen volgens hun eigen aard, **zelfs de verlichte mens handelt volgens zijn ingeboren aard, wat kan een zelfopgelegde beperking bewerkstellingen?** Het na-apen van het gedrag van een ander – zelfs indien het deugdzamer is dan jouw natuurlijke gedrag – levert gevaar op!" Dit soort advies komen we herhaaldelijk tegen in de Bhagavad Gita.

Krishna's methode om alle soorten van onsuccesvol gedrag om te turnen in een succesvolle levensstijl is: *'Yoga stha, kuru karmani'* – *'Verricht handelingen terwijl je gevestigd bent in yoga (eenheid)!'* (B.G. Hfst 2 vers 45) Alleen op deze ontspannen en natuurlijke wijze van functioneren kunnen we ooit verwachten meester te worden over onze zintuigen.

Pratyahara is een onderdeel van elke inwaartse beweging die ons bewustzijn maakt, bewust dan wel onbewust – in meditatie dan wel in de slaap. De zintuigen komen automatisch mee met de geest, gewoon omdat ze een lagere rang innemen in de natuurlijke hiërarchie van het ziel-geest-lichaam-systeem. **Waar de geest ook maar naartoe gaat, daar volgen de zintuigen haar.** Het is als met de koninginnebij. Als zij naar buiten gaat, volgen alle bijen haar. Zodra zij naar binnen komt, komen alle bijen weer naar binnen. **Elke andere poging om de zintuigen te beheersen leidt tot een krampachtigheid in het ziel-geest-lichaam-systeem; een onnatuurlijkheid in de persoonlijkheid.**

Meesterschap over de zintuigen is een *teken* van een natuurlijke, volledig ontwikkelde persoonlijkheid. Het staat voor geestelijke volwassenheid, een verlichte staat van bewustzijn. Met andere woorden, beheersing van de zintuigen is een automatisch *gevolg* van geestelijke volwassenheid, nimmer de weg daarnaar toe!

Hier eindigt de bespreking van de eerste twee hoofdstukken van de Yoga Soetra van Patanjali. Hoofdstukken drie en vier worden besproken in deel 2 van Inzicht is Alles.

**In hoofdstuk drie zet Patanjali de bespreking van de acht ledematen van de heelheid van het leven voort.** Ook behandelt hij daar de ontwikkeling van supernormale vermogens. Hij laat zien dat deze het natuurlijke geboorterecht zijn van iedere mens.

**In het vierde en laatste hoofdstuk gaat Patanjali in op de toestand van algehele bevrijding, eenwording of verlichting.** Hij laat zien dat de toestand van eenheidsbewustzijn de natuurlijke en volgroeide toestand van het menselijke bewustzijn is.

*Beter dan de onwetenden
zijn zij die boeken lezen,*

*Beter dan deze zijn zij
die het gelezene onthouden,*

*Nog beter zijn zij die het begrijpen.*

*De besten zijn zij die het
gelezene toepassen in het leven!*

~ *Anonymus* ~

# Literatuurlijst

De Yoga Sutra's van Patanjali, Dr. I. K. Taimni, Uitgeverij de Theosofische Vereniging in Nederland, Amsterdam, 1998.
ISBN: 90-6175-075-x

Yoga, The Art of Integration, Rohit Mehta, The Theosophical publishing house, Adyar, Madras, India. ISBN: 81-7059-129-5

Yoga Sutra, Classic Yoga of Patanjali, Shri Yogendra, The Yoga Institute of Bombay, India, 1978. geen ISBN

De Yoga Aforismen van Patanjali – een interpretatie van William Quan Judge, Ankh-Hermes, Deventer, 1996. ISBN: 90-202-2427-1

Enlightenment! The Yoga Sutra's of Patanjali, a new translation and commentary by M.S.I., SFA Publications, Waynesville, U.S.A. ISBN: 0-931-783-17-8

How to Know God, Swami Prabhavananda and Christopher Isherwood, A Mentor Book, London, 1953. Geen ISBN.

Patanjali Yoga Sutra's. De Nederlandse vertaling van het hierboven genoemde boek. Sirius en Siderius, Den Haag, 1979.
ISBN: 90-644-10062

Patanali's Yoga Sutras with the Commentary of Veda Vyasa, Rama Prasada, Munishiram Manoharlal, New Delhi, 1998.
ISBN: 81-215-0424-4

Patanjali Yoga Sutras, Alfred Scheepers, Olive Press, Amsterdam, 1997. ISBN: 90-802195-4-1

Human Physiology – Expression of Veda and the Vedic Literature, Tony Nader, MIU Press, Vlodrop, Netherlands, 1995.

*Loop niet voor me –*
*misschien volg ik niet.*

*Loop niet achter me –*
*misschien ga ik niet voorop.*

*Loop naast me,*
*en wees enkel mijn vriend.*

*~ Anonymus ~*

Drs. Frans Langenkamp verkeerde gedurende zeventien jaar in de gelukkige omstandigheid dat hij de Yoga Soetra van Patanjali kon bestuderen onder leiding van een levende yogi. Van Maharishi Mahesh Yogi ontving hij de sleutels tot het interpreteren van de eeuwige en universele wijsheid die vervat is in de Yoga Soetra van Patanjali.

Dankzij deze jarenlange interactie met een ware yogi kenmerkt deze vertaling en dit commentaar zich door een ongekende helderheid. **In de handen van de auteur verschijnt de tot nu toe als cryptisch en op vele plaatsen als onbegrijpelijk ervaren Yoga Soetra als een open boek, wiens boodschap helder, inspirerend en praktisch toepasbaar is!**

Dit boek, deel een van 'Inzicht is Alles', bevat de vertaling en het commentaar op de eerste twee van de vier hoofdstukken van de Yoga Soetra van Patanjali. Hoofdstukken drie en vier worden vertaald en becommentarieerd in deel twee van 'Inzicht is Alles'.

In deze twee delen heeft Frans getracht alle kennis tot uitdrukking te brengen die elk mens nodig heeft om geestelijk gezond en geestelijk volwassen te worden (of te blijven). **Deze tekst voorziet in het spirituele voedsel dat elke mensenziel nodig heeft om tot volledige bloei te komen!** Pas wanneer de adequate kennis over de gelukzalige essentie van het leven gemeengoed wordt in het bewustzijn van de mensheid, kan de mens leren gebruik te maken van zijn volle potentieel. Alleen via deze weg van bewustzijnsverruiming kunnen de eroude idealen van wereldvrede, wereldgeluk, wereldliefde, wereldwijsheid, wereldgezondheid en wereldwelvaart omgezet worden in een concrete werkelijkheid. **Dit boek geeft ons de sleutels hiertoe!**

*Logische eenvoud
is de enige weg
waarop we tot
diepe inzichten
in de werkelijkheid
gebracht worden.*

*~ Albert Einstein*